Heinz Florian Oertel

Pfui Teufel

Über Verdrängtes und Vergessenes

Das Neue Berlin

Inhalt

Pfui! Pfui?   9
Gestatten, Teufel   13

Jubiläums-Jubel   15
Tacitus 2009   17
Jammern? Auf hohem Niveau?   20
Deutsche Debakel   22
Ewiges Olympia?   25
Pille, Pille, Pillen   28
Clint Eastwood und ich   31
Buddha und Klinsmann   34
Kicker-Millionäre   37
798 000 mit sechs Nullen   39
SOS: 1125 Neunnuller!   41
Brecht und Banken   43
Von Heribert bis Herbert   47
Tod und Journalismus   49
Trüffel-Schweine   51
Klamotteure   54
Nobel, Noble   57
Bravo   60
Aber   64
Dumm, dümmer...   69
Heraklit und Kriege   71
Kollaterales   75
Schande   77
Diemisches   80
Super-Waldemar?   84
Chattanooga Choo-Choo   88
Wer verletzt Artikel 21?   93

Missliches   96
Fürstentümler   101
Sherlock Holmes und wir   104
Aktenzeichen 324-0-849 / 07   108
In deutschen Kellern   109
Gemühlfenzlt   112
Unrecht – welches?   116
Meine Verbeugung: Schiller   118
Rühmenswertes   120
Gold-Währung   122
Auch: Pinkepinke-Problem   128
… soll ich das schreiben?   131
Schiss   133

Was aber eine Einheit bilden soll,
muss der Art nach verschieden sein …
(Aristoteles, 384–322 v. u. Z.)

Verfluchtes Volk, kaum bist du frei,
So brichst du dich in dir selbst entzwei.
War nicht der Not, des Glücks genug?
Deutsch oder teutsch, du wirst nicht klug.

(Johann Wolfgang von Goethe, 1749–1832)

Zeitgeschichte sollte man nur
mit dem Bleistift schreiben …
(Golda Meir, 1898–1978)

Wer verdrängt
Wer vergisst
2009
in Deutschland
was und wie?

Kleine Geschichten
unserer großen Geschichte

Pfui! Pfui?

»Wir melden uns wieder vom Match FC Euro, also Finanzclub Euro, gegen den schon mehrfachen Weltmeister FC Dollar, der allerdings zurzeit nicht allzu viel auf dem Kasten hat … Noch immer steht es hier null zu null. Ja, es ist so … Derzeit geht es ja überhaupt und überall um Null und Nullen, Oben und Unten …

Da, jetzt stürmt Paule Portmonee wieder los – bisher saß der nur auf der Bank … Ach so, Bank, Bank – darf man denn das Wort überhaupt noch benutzen? Paule dribbelt immer noch, den Ball am Fuß, klasse … Doch von hinten saust jetzt Emil Großkotz heran, überhaupt, ein meist hinterhältiger Kerl, und … Brrr! Säbelt Portmonee die Beine weg … Blutgrätsche!

Pfui Teufel!

Großkotz ist schon oft übel aufgefallen, auch wenn er an der Börse und mit seinen Aktien spielt … Ja, ja, soll Millionär sein, wie alle in der Mannschaft … Portmonee liegt immer noch am Boden … windet sich … Nun rennen Sanitäter aufs Feld, die arbeiten jetzt auch oft im Regierungsviertel, müssen überall sanieren, hoffentlich haben sie überhaupt noch genügend Pflaster und Pillen im Koffer … Verdammt, hier ist was los!

Alles tobt. Ringsherum. Drohen, Fluchen, manche pfeffern Feuerzeuge aufs Spielfeld …

Es brodelt, es kocht …

Deshalb blenden wir uns lieber wieder aus. Ablenkung muss sein. Wir senden nun Musik, Musik, na klar, auch wieder mal Volksmusik, dann die 84. Wiederholung unseres schon preisgekrönten Serienknüllers ›Blick über den Gartenzaun‹, danach ›Retten dass‹ und anschließend, immer wieder gewünscht, ›Wer wird Milliardär?‹ … Okay?

Tschüüüss, und wie immer mit unserem alten Spruch: Machen Sie's gut und aufpassen, nur nicht zu oft und zu lange nachdenken …«

So, und hier ist wieder das blanke Leben. Wir sind auf dem Alltagsspielfeld, wieder mit Alltagsfouls, Blut- und Finanzgrätschen, List und Tücke, Freiheit, Brüderlichkeit, Gleichheit, Abräumern und Aufräumern, Abwicklern, Aufarbeitern, wieder mit Jubel, Trubel, Heiterkeit, mit Lobhudeln, In-den-Hintern-Treten, In-den-Hintern-Kriechen …

Ist es aufgefallen: Oft, zu oft benutze ich das Wort »wieder«. Wieder, sechs Buchstaben, ist eines der merkwürdigsten, biegsamsten Wörter unseres Wortschatzes. Zigfach brauchbar. Von Wiederaufbau bis Wiederaufarbeitung, Wiederaufrüstung bis Wiedergutmachung und Wiedervereinigung.

Tja, und dann gibt es noch das »wider« – ohne erstes »e«.

Puh, schafft das Verwirrung, Verirrung?

Dann Pfui für mich, gleich eine Gelbe Karte, weil ich meine Absicht, mein Vorhaben selber foulte: den Versuch, wenigstens eine winzige Spur und Schneise in den Dschungel von Verdrängen und Vergessen zu schlagen.

Und, und aber – um denen im dichten Unterholz das stets schussbereite Pulver nasszuspucken, die sich als Heckenschützen schon Dauerverdienste erwarben: Meine Pfuis schließen meine Bravos überhaupt nicht aus. Im Gegenteil! Beides bedingt einander. Auf allen Fußball-, Politik-, Wirtschafts- und Gesellschaftsfeldern der Welt.

Überall Bravos denen, die Richtiges und Wichtiges schaffen. Kleinen und großen Siegern, wobei es nie zu verdrängen und vergessen gibt (gilt): Die kleinen Sieger sind immer mehr, auch wenn sie nie und nirgends zu den großen Gewinnern zählen.

Pfui?

Pfui.

Und Extra-Pfui auch den Kommandeuren, die auf einem Auge blind sind, dabei herrisch fordern: Augen Ost!

Längst müsste begriffen worden sein, das haut nicht hin …

Ebenso richtig wie wichtig ist, alles, was DDR war, zu kritisieren. Jedes Unrechtgeschehen muss benannt, muss verurteilt werden. Endlich muss auch allen, denen in der DDR Unrecht widerfuhr, jede Form von Rehabilitierung, selbstverständlich dabei auch die korrekte materielle, gehören. Historiker, die hier oder dort leben, lebten, sollten diesen Prozess sachlich-korrekt beschreiben und dadurch fördern.

Wieso soll sich das, was unter »umfassender Aufarbeitung« verstanden wird, aber nur auf diesen Teil Deutschlands beziehen? Geschah im anderen, größeren, reicheren zwischen 1945 und 1990 nichts Unrechtes?

Ich weiß, allein solche Fragestellung löst bei manchen Zornesröte aus. Dann müssen auch die endlich lernen, um zu begreifen. Deutscher Frieden braucht beide Seiten, für die gleiche Geschichtsaufarbeitung gilt, schon, weil sie zwei dramatisch unterschiedliche, 40 Jahre lange Geschichts-Wege betrifft.

Daher wende ich mich nach allem Miterlebten und bei ausdrücklicher Zustimmung jeder DDR-Kritik, nun, 2009, vorrangig den Problemen zu, die beim

Jubiläumsbilanzieren nicht verdrängt, nicht vergessen werden dürfen.

Den Begriff »Geschichtsklitterung« gibt es in allen Sprachen der Welt.

Gestatten, Teufel

Ja, es wird allerhöchste Zeit, dass ich mich als Buchtitel-
»Held« vorstelle.

Also, ich heiße, ich bin Teufel. Mich kennt die Welt
schon, seit es sie gibt. Indes, mit denen, die wirklich
Teufel heißen, habe ich nichts zu tun. Und denen, um
Himmels willen – verflucht, jetzt ist mir dieses Wort
»Himmel« herausgerutscht –, denen will ich auch nicht
zu nahe treten.

Ich weiß auch, ja, es ist bis in meine Kreise gedrun-
gen, der Autor dieses Buches tat sich schon mehr als
schwer, als er »Gott« erklären wollte. Mit mir hat er's
nicht leichter. Dabei, so wie die Menschen Gott brauchen, brauchen sie mich. Immer. Jederzeit. Wo Gott ist,
bin auch ich. Und so ist der Autor auch darauf reinge-
fallen, sein jetziges Buch nach mir zu benennen. Ich
danke ihm auch für »Pfui!«. Es ist das beste Lobeswort,
das es in der Hölle und auf Erden für meine Arbeit gibt.

Deswegen nun endlich zur Sache selbst.

Jawohl, auf Erden wird viel Mist gebaut. Um das
anzuschwärzen, gibt es kein besseres Wort als meinen
Namen. Doch weil ich über irdischen Dingen stehe,
kann ich nur über jeden Trottel lachen, der sich berufen fühlt, in den Urwald von Dreck, Verbrechen, Vergehen, kleinen und größeren Misthäufchen und Mist-
haufen eine Fährte sogenannter Moral zu schlagen.
Bitte, gucken Sie sich doch um, so wie Sie tagtäglich in
die Röhre gucken! Das Fernsehen veräppelt Sie, den alt-
modischen, naiven Gebührenzahler! Haben Sie schon
vergessen, wie Sie wieder ins Dschungellager glotzten
und ins Big-Brother-Quartier? Na? Das waren doch
Kulturangebote; oder wenn die Pochers aufkreuzen –

das sind meine Legionäre, die tätschle ich mit Teufels-
preisen.

Nun Schluss mit Quatschen.

Goethe, der auch nicht ohne mich auskam und mich
dabei ziemlich harmlos Mephisto nennt, schrieb nicht
zu Unrecht: »… der Worte sind genug gewechselt, nun
lasst uns endlich Taten sehen.« So oder so ähnlich – mir
schnuppe. Hinein ins göttliche Leben mit seinen, meinen teuflischen Details!

Jubiläums-Jubel

Jubeln kommt von jubilus, dann jubilum, und es beschrieb einst kirchliches Frohlocken. Dann auch das harmlose Jodeln der Hirten. Aber – es verhieß auch Kriegsgeschrei. Und da rumort es gleich in meinem Magen. Doch zuallermeist bedeuten Jubeljahre wohl Gutes, waren, sind Freudenjahre.

Die momentan zu bejubelnde deutsche Geschichte ist in der Weltgeschichte sehr junge Geschichte. 60 Jahre sind dabei ein Wimpernschlag. Also lasst uns beim Fröhlichsein bescheiden bleiben – was Deutschen allerdings nicht immer leichtfällt.

Zur Erinnerung, und damit im Riesensatz durch unsere Geschichte: Nur ca. 2000 Jahre ist es her, dass man uns richtig wahrnahm. Caesar gab uns da den Namen »Germanen«. Unsere Urururvorfahren lebten zwischen Südskandinavien, Harz und Hinterpommern. Das folgende Frankenreich liegt auch nur ca. 1500 Jahre zurück. Otto I., deutscher König und Kaiser, wurde vor gut 1000 Jahren gekrönt. Dann wurde das Heilige Römische Reich Deutscher Nation ausgerufen, vor rund 500 Jahren. Preußens Geschichte beschäftigte Europa vor etwa 250 Jahren, das Bismarck-Reich und die Wilhelms Eins und Zwei existierten vor gerade mal 150 Jahren. Vor noch nicht mal 100 Jahren brach der Weltkrieg I aus, das noch viel grausamere Massenmorden des II. vor genau 70 Jahren. Und – diese Verbrechen verjähren nie.

Alles unsere Geschichte. Verglichen mit Ägypten, China, Persien – ein Klacks.

Stört solches Erinnern beim Jubel 2009?

60 Jahre Bundesrepublik Deutschland. Darin einge-

bettet, weil nach Siegerurteil der Alliierten so dekretiert, die geteilten Leben in Ost und West. Auch diese Abschnitte sind, an der Weltgeschichte und auch an der deutschen gemessen, Minimales, 40 Jahre. Aber – und dieser Satz müsste dick unterstrichen werden – diese 40 Jahre sind unser Leben! Unsere ganz persönliche Geschichte, da und dort! Jeweiliges Leben zwischen Konstanz und Cottbus, Sylt und Spreewald. Gut 80 Millionen Leben, einmalige Leben; und völlig zu Recht wehrt sich jeder, wenn andere ihm in seine Lebenssuppe spucken wollen. Jede Biografie ist Unikat, und der Staat hat die Pflicht, sie zu schützen. Vorlage liefert das Grundgesetz, auch gerade 60 Jahre alt, und eine der allerbesten Verfassungen der Weltgeschichte.

Stutzig macht mich, dass bei allem Jubeln, Feiern, Erinnern, Überdenken die Erinnerungszahl »70« kaum eine Rolle spielt. Dabei weist sie mit aller historischen Radikalität auf das, was ursächlich auch die deutsche Teilung herbeiführte. 1939 erschreckte, erschütterte nazideutsche Wahnsinnspolitik mit dem Überfall zum zweiten Weltkrieg alle Länder. Der folgende Holocaust, das kriegerische Töten und Morden, raubte 55 Millionen Menschen, vielen Frauen und Kindern das Leben. Das ist und bleibt, bleibt für immer der Schandfleck unserer deutschen Geschichte.

Solches Erinnern und Mahnen darf bei allem verständnisvollen Jubel nicht ausgeblendet werden. Meine Hoffnung, meine Erwartung ist: Dem hier auszusprechenden Pfui Teufel! werden noch viele Politiker- und Historiker-Kommentare folgen.

Tacitus 2009

Jetzt wird mir leicht schwummrig. Es geht weiter um Geschichte. Und es geht um Geschichtsschreiber. Historiker. Schon mehrmals ist mir bei diesem Thema schwummrig geworden. Erst als Pennäler, dann in den unterschiedlichen Deutschlands mit den unterschiedlichen Interpretationen. Dabei dachte ich immer, Geschichte ist doch Wissenschaft, und es müsste Wissenschaft eigentlich immer ideologiefrei sein?

Heute, anno 2009, stolpere ich nun besonders darüber, dass mir andere die Geschichte meines Lebens interpretieren wollen … Besserwisser? Wichtigtuer? Was?

Ich versuche, mich bei Schlaueren schlauer zu machen. Tacitus, römischer Historiker, befand vor rund 1900 Jahren, »man müsse ohne Zorn und ohne Vorliebe, also frei von Parteilichkeit« beschreiben und urteilen. Mein lieber Mann, was sagen die jetzigen Historiker dazu?

Eigentlich müssten sich doch alle, die von heute und die von anno Tobak, mindestens darin einig sein, dass Geschichte Erforschung des von Menschen für Menschen Vollbrachten ist. Da geht es um Tatsachen, Bewiesenes … Wenn überhaupt, kann ich nach meinen erlebten Tatsachen nur über Sport-Historiker reden, und da allerdings denke ich beim Mulmigwerden – verflixt, eine Seite muss des Öfteren Scheuklappen benutzt haben; und dann fällt mir noch dabei ein, warum eigentlich manche Historiker Zeitzeugen fürchten wie der Teufel das Weihwasser. Tja, warum?

Tröstet es, dass auch schon Frühere, um den beschädigten Ausdruck »Gestrige« zu vermeiden, Probleme hatten? Bismarck polterte: »Geschichte schreiben ist eine

Art, sich das Vergangene vom Halse zu schaffen«, während Goethe souverän anmerkte: »Geschichte ist ein Stück Papier …« Tolstoi hingegen spottete: »Geschichte wäre etwas Ausgezeichnetes, wenn sie nur wahr wäre.« Nun frage ich, ob in dieser illustren Gesellschaft Journalisten überhaupt mitreden können?

Aber zu den heutigen Historikern. Wie überall, in jedem Beruf, bei jeder Tätigkeit gibt es »sone und solche«, Könner und das Gegenteil. Beim heutigen Geschichtelesen muss ich jedoch immer öfter denken: Kann das Beschriebene das sein, was du miterlebt hast, dein Leben? Immerhin, wenn das in Historiker-Augen überhaupt etwas gilt: Ich lebe in der vierten deutschen Geschichtsepoche, und die radikalsten unterschiedlichen politischen und gesellschaftlichen Verhältnisse, das Auf und Ab, das Oben und Unten bestimmten mein Werden. Historiker aller Couleur – oh, Pardon, dass das keiner in die falsche Kehle bekommt; – spielt das eine Rolle? Oder Wurscht – Sie bestimmen, was Geschichte ist?

Nee, das kann nicht wahr sein. Und vor allem auch nicht, dass die Forderung, »Geschichte muss immer aufgearbeitet werden«, sich nur auf das deutsche Land, das mal DDR hieß, bezieht, nicht aufs ganze Geschichtliche zwischen Oder und Rhein. Es kann doch nur eine deutsche Geschichte geben; denke ich, dachte ich. Ja, dieses Problem deutscher Geschichtsschreibung macht mich ärgerlich.

Und dazu noch das: Keiner von uns trägt Verantwortung dafür, wann und wo ihn der Klapperstorch mal in die Welt fallen ließ. Keiner, die oben nicht und die unten nicht. Hier muss also der Klapperstorch vors Besserwisser-Gericht. Da verteilen allerdings Politiker und Historiker Noten, Zensuren. Was Sprengstoff birgt!

Deshalb: Einspruch, Euer Ehren, und ich erlaube mir, werte Historiker, noch einmal an die tüchtige und kluge Golda Meir zu erinnern, von 1969 bis 1974 Ministerpräsidentin in Israel. Ihr Satz ist hinter den Spiegel zu stecken:

»Zeitgeschichte sollte nur mit dem Bleistift geschrieben werden ...«

Mithin kann es auch nicht so schlecht sein, späteren Historikern schon jetzt viele neue Radiergummi zu wünschen.

Jammern? Auf hohem Niveau?

Das ist ein ganz besonders beliebtes Thema für deutsch-deutsche Klugscheißer. Auch dieser Ausdruck lutherischer Deutlichkeit ist heute längst hof-, also auch buchfähig. Bertelsmanns »Deutsche Rechtschreibung«, die neue selbstverständlich, Seite 553.

Wer sich die Zeit nimmt, in vielen Tageszeitungen nicht nur zu blättern, sondern auch zu lesen, erntet. Allein auf diesem Feld deutscher Ist-Beschreibung ist es besonders interessant, zu erkennen und zu vergleichen. Wer das nun 20 Jahre lang »trainiert«, weiß längst, welche Trikotfarbe Autoren tragen, wes Wein sie trinken, wes Brot sie essen. Manche gehen dabei rustikal bis tollpatschig vor, andere versuchen es als Rolex- und Krawattenträger elegant!

Lieblingsthema derer »Geschichtsaufarbeitung«: das Unterschiedliche deutsch-deutscher Quengeleien, nun auch schon anno 2009. Gipfelpunkt der Erkenntnis, sozusagen der »Mount Everest« des Begreifens: Ostdeutsche sind undankbare Jammerer.

Es wäre dumm, es denen ausreden zu wollen. Sie würden ohnehin nicht verstehen, dass sie im Taunus oder Schwarzwald, Alpenvor- und -hinterland ähnliche Beobachtungen machen könnten ... Nein, nein, Ostjammer, das ist die Knete.

Es gäbe einen Ausweg aus dem Dauerdilemma, verbreitete sich die Meinung, Sach- und Faktenstreit wäre ein Heilmittel. Woche für Woche ein neues, begrenztes Thema, von rechts und links, von hinten und vorn und ausschließlich mit Tatsachenbelegen zu diskutieren.

Eine Auswahl, klar, auch nur aus meiner begrenzten Weltsicht und mit persönlichen Erfahrungen. Also:

Nazizeit – wer, was, wann, wo, wie? Von meiner Generation, von der davor, in Radio, Fernsehen, Sport …

Nach 1945 in der Bundesrepublik, in der DDR – wieder: wer, wie, wo … in Radio, Fernsehen, Sport …

Im vereinten Deutschland – wieder: wer, wo, wie …

Dass ich mich (nur) auf diese Lebensbereiche beziehe, ist sicherlich verständlich. Es ist – Pardon! – meine Welt. Ich kann mich weder zum Direktpolitischen, zu Wirtschaftsproblemen, zum Speziellen der Kultur sachkundig äußern. Doch gäbe es andere Zeitzeugen.

Ach du Schreck!

Zeitzeugen … Für Berufshistoriker ein Problem, mindestens für einige. Dennoch, wir sollten es versuchen!

Jammerer aller Länder, Bundesländer sind gemeint, an einen Tisch! Tatsachen, Fakten, Bewiesenes auf den Tisch. Was uns alle bewegt: Gesundheitswesen, Renten, Kindergärten, Schulen, Nahverkehr, Altersfürsorge und Pflege, Sportvereine und Sportstätten, Schulturnhallen, Straßen …

Genug, genug. Und nochmals: kein Jammern! Nur noch Tatsachen werden sachlich diskutiert.

Einverstanden?

Wer ist dagegen?

Deutsche Debakel

Ein trauriges Kapitel. Die Deutschen und Olympische Spiele, jämmerlicher Abschnitt der Weltsportgeschichte. Mir geht das nur schwer in die Tasten, doch es muss sein.

Im Sommer 2012 erwarten wir in London die XXX. Sommerspiele. Sebastian Coe, inzwischen Sir Sebastian Coe, wirkt als einer der Chefs im Organisationskomitee. Ich hatte das Glück, seine grandiosen Olympialäufe von Moskau 1980 mitzuerleben. Er gewann Gold über 1500 Meter, Silber über 800 Meter. Der Ex-Weltrekordler, auch über 800 und 1500 Meter, war immer ein Olympionike vom Scheitel bis zur Sohle.

Doch zurück zur Zählweise der Spiele. Ich weiß nicht, wer wann verfügte, auch ausgefallene Spiele müssten mitgezählt werden. Somit fehlen dauerhaft in allen Annalen die Sommerspiele von 1916, 1940, 1944, also die VI., die XII. und die XIII.

Warum?

Ein schlimmes und peinliches Kapitel unserer Geschichte. Schuld am Ausfall sind die beiden von Deutschen zu verantwortenden Weltkriege. Statt Spiele die Schlachten, das Schlachten von Tannenberg, an Marne und Somme, von Verdun, Langemarck und Skagerrak. Und das noch größere, verbrecherische Morden von Polen, Russland bis Frankreich, Norwegen, Griechenland, quer durch Europa. Diese Schuld ist nie von deutschen Schultern zu nehmen.

Das alles hinterließ in der Olympiageschichte noch andere Spuren. 1920 in Antwerpen und wieder 1948 in London waren deutsche Sportler von den Spielen ausgeschlossen. Und der Zweite Weltkrieg hatte auch die

Sportwelt geteilt. Mein erster Einsatz als Olympiareporter 1952 in Helsinki wurde überschattet durch neue deutsche Querelen und Schuld. Alte westdeutsche und in der Nazizeit hoch aufgestiegene Sportführer schafften es, ostdeutsche Athleten auszuschließen. Meine Berichte, mein Daumendrücken galt ausschließlich Westdeutschen. Und, es gab zwei Olympiadörfer. Auch aufgeteilt nach Ost und West. Hier USA und »der Rest der Westwelt«, da Sowjetunion und der Osten. Unvergessen.

Dann das in den 50-er und 60-er Jahren gewachsene deutsche Stänkern. Wer weiß noch von der »Hallstein-Doktrin«? Die vom bundesdeutschen Politiker Hallstein und seinen Helfern ausgearbeitete Strategie basierte auf dem »Alleinvertretungsanspruch«. Demnach hatte es nur ein Deutschland, das bundesdeutsche, zu geben, und alle Welt wurde gehalten, dementsprechend zu verfahren. Das bedingte, auch DDR-Sportlern, DDR-Sportjournalisten wurden Einreisen in Westländer verweigert oder immer wieder erschwert. So wurden Journalisten und teils auch Trainer 1960 von den USA bestraft. Keine Einreise, keine Arbeit von den Winterspielen von Squaw Valley, wo dann Helga Haase und Helmut Recknagel siegten. Keine Erlaubnis für DDR-Radio und -Fernsehen, von den Fußball-Weltmeisterschaften 1966 in England zu übertragen ... Und, und, und ... Ein langes, böses deutsches Kapitel.

Und auch das der Boykotte.

1980 wurde Westländern und auch der Bundesrepublik dekretiert, nicht an den Spielen in Moskau teilzunehmen. 1984 fuhr der Osten unter sowjetischem Befehl die Retourkutsche: Startverbot für Los Angeles, wo noch ein Jahr zuvor die DDR einen Länderkampf mit den USA-Leichtathleten bestritt ...

Kurzum, leider durch die Geschichte bewiesen: Deutsche Politik, Deutsche waren allzu oft Störenfriede der olympischen Weltgemeinschaft.

Ewiges Olympia?

Von mir aus – gern! Sehr gern.

Selbstverständlich meine ich nicht nur den kleinen Ort Olympia, die altgriechische Zeuskultstätte in Elis, dort, wo alles vor 2785 Jahren begann. Mit Zeustempel, Gymnasion, Heraion, Palästra, Leonidaion, Buleuterion, dort, wo dann der Koch Koroibus allerallererster Olympiasieger wurde, Gewinner des Stadionlaufes über 192 Meter …

Ich meine die ganze Olympiageschichte, die nun 2010 mit den Winterspielen im kanadischen Vancouver und dann 2012 mit den Sommerspielen ihre bestaunenswerte Fortsetzung findet, in London, das die Spiele bereits zum dritten Mal ausrichten darf.

Ich meine auch alles Politische, was seit Olympia Olympia immer wieder widerfuhr. Kriege, die den Vierjahreszyklus brachen, Länder ausschlossen. Ebenso machtpolitische Einmischungen, die immer schadeten.

Ja, Olympia trägt viele Schmisse. Narben.

Dennoch: Olympia widerstand.

Ich meine jedoch vor allem, über allem die Olympia-Idee. Wenn man so will, Coubertins Philosophie. Die sollte möglichst ewig bleiben. Das meint den Grundsatz der Friedlichkeit. Schon bei den alten Griechen, die leider auch nicht unkriegerische Menschen waren, galt: Während der Spiele ruhen die Waffen. Allein diese Haltung verdiente Gold! Angefangen bei den Römern als Besatzer und Herrscher, fortgesetzt bis heute, immer wieder fanden neben den Spielen auch Kriege statt.

Schlimm genug.

Aber, was mich dennoch zum überzeugten Olympiaförderer und -freund werden ließ: Olympische Spiele führen friedliche Menschen zusammen, fördern das Verstehen von Menschen unterschiedlichster Herkunft und Haltung, erzwangen im Laufe der Geschichte die Gleichberechtigung der Frauen, schaffen immer wieder Lichtblicke der Völkerverständigung.

Daran als Journalist eine Winzigkeit mitbeteiligt zu sein, macht beim Lebensbilanzieren auch eine Winzigkeit zufrieden. Und sehr, sehr dankbar. Für tausendfach Unvergessliches will ich nur einige Namen nennen: Nurmi, Owens, Zatopek, Clay, Glaß, Behrendt, Schade, Happe, Haase, Krämer, Wolke, Recknagel, Enderlein, Basel, Grodotzki, Schur, Donath … Es überrascht sicherlich nicht, dass ich hier vor allem Olympiakämpfer nenne, die ich in den wertvollen Anfangsjahren meiner über vierzigjährigen Olympiareportertätigkeit kennenlernte, und ich weiß, ja, ich müsste von Stuck, Schmeling … bis Weißflog, Wehling, Witt … viele, viele insgesamt Große hinzufügen.

Das ist Reichtum! Riesiger Reichtum, dass ich alle diese Menschen kennen- und schätzen lernen durfte. Ich müsste mich schämen, nur einen Einzigen zu vergessen. Alle, alle lieferten den Stoff, aus dem man Reportagen macht.

DANKE.

Mir liegt am Herzen, ganz ausdrücklich auf Alltagsolympisches zu verweisen. Überall auf der Welt gibt es Spiele, Treffen, Veranstaltungen im olympischen Geist. Beim Berliner Rundfunk, wo fast 40 Jahre mein Journalisten-Zuhause war, entwickelten wir eine Sendereihe »He-He-He, der Sport an der Spree«. Jeden Sonnabend von 10.40 Uhr bis 12.30 Uhr wurde live gesendet, Sport und Musik, und Hauptanliegen und Inhalt war, den Sport für jedermann zu stärken. Wir besuchten kleine

Gemeinschaften, Seniorensporttreffs, unterstützten den Kinder- und Jugendsport und kürten Übungsleiter, Lehrer, Eltern, Helfer … Ob man das Volks- oder Breitensport nennt, ist völlig egal. Hauptsache, dass …

Dass es dann 1991 zu Ende ging, bestätigte leider: In dieser heutigen und hiesigen Radiolandschaft hat so etwas keinen Platz. Als ich den neuen Nachwendeherrschern empfahl, dies der Sache wegen fortzusetzen, klar, mit neuen, eigenen Leuten, erntete ich mildes Lächeln und den bezeichnenden Kommentar: So etwas hat bei uns keine Chance.

Trotz alledem – ich hoffe, Olympia ist niemals und nirgends totzukriegen. Die Sache selbst ist zu stark. Bisher jedenfalls widerstand sie auch allen Kommerzattacken. Mindestens seit dem IOC-Regime von Herrn Samaranch wütet ein Feilschen und Ramschen, an dem viele, von den Verbänden bis zum Fernsehen, vor allem verdienen und mit absahnen wollen.

Richtig – Olympia ist in Riesengefahr. Aber es wird sich wehren. Sicherlich nicht von oben nach unten, sondern umgekehrt. Deshalb traue ich auch der Wortwahl »ewig«.

Pille, Pille, Pillen

Wir leben in einer Pillenwelt. Wir sind verpillt.

Doch sind wir alle vor der Pille gleich? Gibt es etwa noch West- und Ostpillen? Auf gar keinen Fall spielen aber nur Sportpillen eine üble Rolle, und darum geht es.

Ich will allen Verpillten »eine bittere Pille verabreichen«. Doch das ist nur harmloses Metaphorisches. Pille, früher pillula und pillule, bedeutete zu allen Zeiten Wohl und Übel, Hilfe und Teuflisches bis hin zu Tödlichem.

Im Sport wird schon immer gepillt. Neuzeitlich wird es Doping genannt. (Dieses Wort steht in heutigen Lexika gleich hinter Doofheit – wohl reiner Zufall …) Damit kein Kritiker etwas in die falsche Kehle kriegt: Ich verurteile Sportdoping, weil es alle Idealbilder von Fairness und Wahrheit zerstört und die Ehrlichen zu Dummen machen will. Doping gibt es, seit Sport existiert – und zur Erinnerung nur zwei olympische Beispiele.

Bereits beim Marathon-Premierenlauf 1896 war Doping dabei. Spiridon Louis, der griechische Sieger, kehrte unterwegs mehrmals ein, um sich mit Wein zu stärken. 1904 im US-amerikanischen St. Louis ging es schon dramatischer zu. Aus einem illustren, 32-köpfigen Starterfeld schälten sich gleich mehrere Betrüger heraus, und es gab dramatische Zusammenbrüche und Aufgaben. Fred Lorz, Erster im Ziel, hatte den Großteil der Strecke im Auto zurückgelegt und wurde disqualifiziert. Thomas Hicks, USA, »offizieller« Sieger, stolperte auch taumelnd ins Ziel und gab später zu, Betreuer hätten ihm unterwegs einen »speziellen Krafttrunk« gereicht, und der enthielt eine Mixtur von Rotwein, Brandy und Eigelb, dazu winzige Gran Strychnin. In stärkeren Dosen ist das tödlich. Mithin, Gold gewann ein Schwerstgedopter. 1904 …

Genug von Uraltem, hin zu Neuerem, und der Weg ist gepflastert mit x Beispielen. Heute und hier und überall steht alles und damit – fast – jeder unter Verdacht. Und diese Dauerverdächtigung ist »gran-strychninisch«, fast tödlich für den Wettkampfsport. Kaum noch lehnen sich diejenigen zu weit aus dem Fenster, die vom Unrettbaren sprechen. Zwar, so wird argumentiert, werden sich alle Dopingkontrollen immer weiter verstärken, verbessern, aber, das ist die Frage, wie will man jemals in China, Indien, Indonesien, Brasilien, USA, Russland … faire, gleiche Kontrollergebnisse herbeiführen? Wie, bitte …?

Übrig bleibt unsere Haltung zum Übel. Das drückt sich im Chorus des Verdammens und der Pfuis aus. Doch eines Jahrzehnts, so prophezeien Klügere, wird es auch alle »Moralisten« erwischen. Erst als Ewiggestrige und Jammerlappen, dann als Witzfiguren dürften sie jedem Spott freigegeben sein. Zu schwarz gemalt? Gegenfrage: Wer zeichnet mir ein halbwegs realistisches Zukunftsbild mit blauem Himmel?

Sport- und Dopingärger hin und her, das ist jedoch längst nicht mehr alleiniges Hauptproblem. Sport ist Teil der Gesellschaft. Und die ist durch und durch verdopt. Wem das zu drastisch ist, der sollte sich durch neueste Untersuchungsresultate schlauer machen. Diese, 2009 veröffentlicht, unterstützen alle Befürchtungen. Demzufolge »unterstützen« mehr als 5 Prozent aller Beschäftigten, das sind zwischen 2,5 und 3 Millionen, »ihre Tagesform« mit regelmäßiger und meist unkontrollierter Medikamenteneinnahme. Es wird gedopt auf »deubelkommraus«. Ausdrücklich betonen diese Alltagsverdopten, es geschieht »zur Verbesserung ihrer Leistungsfähigkeit am Arbeitsplatz, der sonst verloren geht«. Schlimmer geht's nimmer.

Manchen mag das alles umhauen. Dabei weiß jeder, dass neben dem ständig wachsenden Alltagspillendopen schon jahrzehntelang Doping mit Rauchen und Alkoholmissbrauch existiert. Beides erfüllt auch die Dopingkriterien von Stimmungsaufhellen oder Stimmungsdämpfen. Beides ist längst, wie auch das wachsende Medikamentendoping, mit drohenden Folgerisiken verbunden. Die können verheerendes Persönliches, Familiäres und Gesamtgesellschaftliches anrichten.

Meine Fantasie reicht aus, um mir vorzustellen, wie viele Doper fluchen. Klugscheißer, Neunmalkluger – Dankeschön. Nehme ich entgegen. Es verändert nicht Bewiesenes. Zudem ärgert mich, wie hier verdrängt wird, weil nicht sein kann, was nicht sein darf. Doch dürfen, müssen wir das hinnehmen, wie manche, nein, viel zu viele am Abgrund schlittern und darunter auch zahlreiche Kluge, von denen wir sonst viel lernen könnten …?

Genug davon.

Tatsachen bleiben Tatsachen. Aber …

Leider kann und möchte ich auch noch nicht dieses unangenehme Thema gänzlich verlassen. Andere Klügere, die ich zumindest dafür hielt, denken nämlich in die Quere. Es echote auf die DAD-Umfrage aus »medizinwissenschaftlichen Kreisen« auch anders herum. »Es sei eben normal, dass sich Menschen immer und überall verbessern wollen, was ganz legitimer Anspruch ist …, zumal wir in einer geistigen Leistungsgesellschaft leben.«

Na, bravo, und sehr geistvoll. Offensichtlich war aber jenen Geistesschaffenden das Wort Doping noch nie begegnet. Sonst hätten sie doch diesem Persilscheindenken mindestens hinzugefügt: Das alles ist freilich nur so lange normal und legitim, wie es ohne Unterstützung durch illegale Mittel, also Doping, geschieht.

Clint Eastwood und ich

Keinen Schreck kriegen! Ich bleibe – wie immer – mit beiden Beinen fest auf deutschem Boden. Der schwankte und wackelte zwar da und dort, dann und wann, weil großmäulige deutsche Kriegspolitik von »Großdeutschland« faselte, aber – engere Heimat blieb immer Heimat. Durch alle Stürme und Wendungen.

Doch zu Clint Eastwood, dem Hollywoodstar. Welche Verbindungen gibt es? Die, dass ich schon mal durch Hollywood wackelte, mir Studios und mehr angucken konnte. Es geschah 1983. In Los Angeles fand der Leichtathletik-Länderkampf USA–DDR statt, den übrigens die DDR-Mannschaft gewann. Für beide Teams galt das Treffen als willkommener Test vor der 1. LA-Weltmeisterschaft, dann, im August 1983. Ja, auch hier Verdränger und Vergessliche – das gab es.

Eastwoods Filmleistungen als Actor und Regisseur waren mir immer gegenwärtig. Ich bestaune den Mann, der es als Regisseur mittlerweile auch schon wieder auf 28 Arbeiten brachte. Der Meister ist 78, und kürzlich las ich von ihm: »Wer so lange durchgehalten hat wie ich, der ruiniert sein Leben nicht, indem er zu viel nachdenkt.«

Bravo!

Oder: Buh?

Ich bleibe beim Bravo, wenngleich ich auch sofort den riesigen Unterschied von mir zu Eastwood und – noch wichtiger – von Deutschland zu den USA erkenne. Deren Geschichte vollzog sich nicht wie unsere. Bei vielen anderen dringlichen inneren Problemen: ein geteiltes Land gab es nie. Und wenig von deutscher Mentalität.

So bleibt es hier auch für mich dabei: Es muss nachgedacht werden, warum es so wurde, wie es war, und warum wurde es, so wie es ist. Was teilt hier noch immer? Wer denkt zu viel, wer zu wenig, und wo trägt man die mächtigsten Scheuklappen?

Die DEFA schuf in Babelsberg – ganz gewiss kein Hollywood, aber gleichfalls ein erstrangiges, weltweit angesehenes Filmzentrum – das Wolfgang-Staudte-Meisterwerk »Der Untertan«. Das war 1951. In der Hauptrolle des ewig preußisch-deutschen Spießers Diederich Heßling begeisterte Werner Peters. Er, ein Frisch-Bundesdeutscher, noch in zahlreichen weiteren Filmen Klasse, spielte am Deutschen Theater und Schillertheater. Wie manche andere – damals noch ziemlich normal. Das gab es auch.

An das und vieles dazu muss ich jetzt wieder, eben auch durch Eastwood animiert, denken. In den deutsch-deutschen Beziehungen und Verhältnissen schien manchmal die Sonne durch dunkles Gesamtgewölk, und manchmal zuckten heftigste Blitze bei bösem Donnergrollen. Eigentlich müssten das alles deutsche Historiker am besten, am wahrsten wiedergeben können, wenn sie denn wollen. Da wachsen immer noch und immer wieder Zweifel.

Vergangenes Jahr, also 2008, legte Hans-Ulrich Wehler sein Werk vor: »Bundesrepublik Deutschland und DDR 1949–1990«. Gut, dachte auch ich, vermutlich viele andere in West und Ost ebenso. Jetzt längst nicht mehr. So wie viele andere auch.

Dennoch bedanke ich mich bei Herrn Wehler. Er ließ sein Visier runter, so dass alle, die tatsächliches deutsch-deutsches Leben historisch bewiesen lesen wollten, erkannten, wohin und wie der Hase läuft. Weil nicht sein kann, was nicht sein darf.

Meine Meinung, die Meinung vieler, vieler Ostdeutscher zu solcher Art »historischer Aufarbeitung« drückt sich in einem bemerkenswerten Beitrag des Molekularbiologen Jens Reich aus, der im Berliner »Tagesspiegel« unter dem Titel »Wir Ostler waren nicht nur Untertanen« veröffentlicht wurde. Reich kritisiert dabei auch den »eifernden Duktus, der an grobschlächtiges Agitprop-Stakkato erinnert ...«.

»Wehler legt eine Gesellschaftsgeschichte vor, in deren einem Teil der Gegenstand (das Volk – ein Volk) nie handelndes Subjekt, sondern nur erduldendes Objekt, eine stets ›durchherrschte‹ Schafherde ist. Er blendet das Handeln dieser Gesellschaft und die Wechselwirkung mit der zu ihr antagonistisch konstruierten westlichen fast völlig aus und betrachtet diese sozusagen mit dem Rücken zur Mauer stehend nur in Richtung Westen blickend. In einer solchen Erzählung kann ich meine Position als Deutscher, der die Schrecken des Krieges erlebt hat und sein bewusstes Leben in der DDR verbringen musste, nicht wiederfinden ...«

Danke, Professor Jens Reich, der 1990 Mitglied der ersten freien Volkskammer der DDR wurde und deutschlandweites Ansehen genießt.

Bleibt noch die Frage, was das alles mit Clint Eastwood zu tun hat?

Ihm dankt einer, der gleichfalls »lange durchgehalten hat« und der sein Leben nicht von Wehler & Co. ruinieren lässt und deshalb lieber zu viel nachdenkt ...

Buddha und Klinsmann

Kein Grund zum Erschrecken! Nein, nein, hier stimmt schon was, und wenn etwas nicht stimmt, soll jeder für sich reklamieren. Einverstanden?

Jürgen Klinsmann, schwäbischer Bäckerssohn aus Stuttgart-Botnang, treibt es – trieb es – zu den Philosophen. Als begabten und interessanten Fußballspieler wehte es ihn durchs internationale Profigeschäft, was ihn nie ärmer werden ließ, und dann ins Trainerfach. Dort sogar in Windeseile auf den höchsten deutschen Gipfelsitz des Bundestrainers. Nun wirkte er beim Rekordmeister Bayern München. Da krempelte er erfinderisch-draufgängerisch vieles um, ließ auf dem Arbeitsgelände seiner Profis Buddha-Statuen abbauen und fabulierte dann und wann auch über seine Fußball-Philosophie, die er immer weiterzuentwickeln sucht, und das nach dem sensationellen Motto: »Wir spielen nach vorn ...«

Mich haute das erst einmal um. Dann las ich in alten Regeln nach. Sollte sich da seit rund 4000 Jahren etwas geändert haben? Nee, die alten Chinesen spielten ihr *tsu-chü* nach vorn, und dann die Engländer in unserem 14. Jahrhundert auch ... Immer nach vorn. Doch ich blieb nach Klinsmannschen Philosophiedribblings verunsichert. Moment mal, also die Engländer dann später, als unsere wichtigsten, wegweisenden Weiterentwickler und Regelgeber, haben die etwa ... Nachblättern ergibt: Auch 1862 in Sheffield bei den 17 fixierten modernen Urregeln wurde festgelegt: »Ziel des Spiels ist es, den Ball ins gegnerische Tor zu treffen«, und das misst 7,32 m in der Breite und 2,44 m in der Höhe. Gott sei Dank. Die ganze Fußballwelt von Brasilien bis Italien, Südafrika bis Spanien kickt so, und nun sorgte auch Deutschlands Fußballphilosoph Klinsmann dafür.

Ob er durch solch markante und erstaunliche Weiterentwicklungsgedanken nun gleich in eine Philosophenkette von Laotse, Konfuzius, Heraklit bis Mohammed, Voltaire, Kant … gesetzt werden darf, bleibt dahingestellt. Aber Buddha, Buddha, Buddha – das lässt nun mich nicht wieder los. Warum präsentierte man gerade den indischen Großmeister seinen Millionären? Und er, Klinsmann, zählt doch auch dazu … Hmm, nachgeguckt.

Buddha, so steht's in den Büchern, suchte zeit seines Lebens und bei strengster persönlicher Askese, die Menschen vom Ich-Betonten wegzuführen, er sah im Begierlichen Ursache allen Leids und postulierte Sittengesetze. Darin heißt es neben anderen Forderungen: »Der Sinn des Lebens liegt nicht in der Anhäufung materieller Güter, sondern im Gegenteil, in der Überwindung des Wunsches nach Besitztümern …«

Jetzt wüsste ich zu gern: Wie stehen Klinsmann und seine Ballstoßmillionäre dazu? Kann es – aus alltagsphilosophischer Sicht – gut sein, dass ein Elitekicker, sagen wir, 5 Millionen Euro im Jahr bekommt, was bedeutet, bei 50 Pflichtspielen im Jahr pro Partie 100 000 und pro Minute, auch wenn er gar nicht am Ball ist, ca. 1111 Euro …? Ich weiß, in den Augen der Profis und ihrer Amateurphilosophen ein blödes Thema und dumm, immer wieder in diesem Antibuddhistischen herumzustochern und dann vielleicht noch dermaßen unrealistische Vergleiche zu ziehen: Ein Normalrentner erhält nach 40 Arbeitsjahren oft nicht mal solches Minutengeld für einen ganzen Monat, mithin 43 200 Minuten …

Eigentlich sollte ein umsozialisierter Bäckerssohn am besten verstehen, wie es denen geht, die nur kleine Brötchen backen können, backen müssen.

Längeres PS

Dieses Klinsmannische schrieb ich im Frühling 2009. Inzwischen wurde es in der schillernden Karriere des Trainer-Senkrechtstarters herbstlich.

Dennoch, es bleibt nicht uninteressant, das Geschehen um und mit dem schwäbisch-kalifornischen Sunny Boy als Paradebeispiel der schillernden, fragwürdigen, weil total überbewerteten Fußballwelt zu betrachten. Indes, Fußballwelt ist nur der eine Teil des globalen Kickergeschehens. Im anderen regieren, inszenieren die Medien. Dabei sind Klinsmänner gefragt, und sie folgen auch allzu gern dem Spiel, obwohl zig, zig Mal bewiesen: Sieger bleiben immer die Medien. Wer nicht zu lange in der Sonne lag, muss das wissen. Wenn nicht, und wenn sich das noch mit sparsamem Trainerkönnen und Wissen paart, ist der Abstieg in untere Ligen oft vorbestimmt.

Kicker-Millionäre

Ist man provinzieller Hinterwäldler, beleidigter Zu-kurz-Gekommener, wenn man sich immer noch darüber aufregt, Fußballer-Einkommen zu kommentieren? Soll jeder urteilen, wie er will.

Ich mache auch nicht meinem Ärger Luft oder gar neidischer Veranlagung, wenn ich dazu erneut dieses spezielle »Pfui Teufel« rufe. Wie dumm müssen wir »normalen« Fußballanhänger sein, immer noch und immer wieder den total überbezahlten Balltretern blind zuzujubeln? Wie viele Arbeitslose sitzen auf den Rängen, freuen sich, wenn sich die Millionäre tummeln und in einer Minute – umgerechnet – so viel Geld kassieren, wie der Applaudierende für den ganzen Monat erhält …?

Warum sind wir so?

Ronaldinho, als er noch bei Barcelona kickte: 9 Millionen Gehalt, plus 14 Millionen Werbeeinnahmen = 23 Millionen.

Beckham, auf dem Höhepunkt seiner Laufbahn: 6,4 Millionen plus 11,6 Millionen Werbeeinnahmen = 18 Millionen.

Ronaldo: 6,4 Millionen plus 11 Millionen = 17,4 Millionen.

Kahn einst 6,4 plus 2,7 = 9,1.

Ballack einst 5,9 plus 2,5 = 8,4.

Alles nur Beispiele, und die Experten, die das und vieles dazu recherchierten, betonen, das sind Schätzungen, aber mit sachlichem Hintergrund. Bitte sehr …

Und mein erster Zusatz: Allein in der deutschen Bundesliga gibt es Dutzende Millionäre und Hunderte Sehr-sehr-gut-Verdienende.

Zweiter Zusatz: Nicht ein einziger von allen Erwähnten bekommt damit das, was er wirklich verdiente …

Dritter Zusatz: Ich nehme alle Fußballspieler in Schutz. Sie nehmen nur, was man ihnen gibt. Nicht Fußball, die Gesellschaft geriet aus allen Fugen der Vernunft. Wenn ein deutscher Fußballspieler der 2. Liga mehr empfängt, kassiert, als die 1. Liga unserer Politiker, ein Torwart Krause oder Stürmer Latte mehr als die Bundeskanzlerin, dann darf man wohl behaupten: Hier ist etwas faul im Staate.

798 000 mit sechs Nullen

Irgendwie kommt mir das komisch vor, als Rentner über Millionäre zu schreiben. Etwa so, als wenn ein ganz normaler Briefmarkenkäufer dabei an die Blaue Mauritius denkt. Ja – schizophren. Dann stimmt es auch, dass wir Schizophrene viele sind. Also, ich denke jetzt an die 798 000 deutschen Millionäre, und das mit dem festen Vorsatz, ganz freundlich zu bleiben. Es wäre doch nochmals schizophren, in jedem Millionär einen Bösewicht zu vermuten und in jedem Milliardär einen noch Böseren.

Viele können doch gar nicht dafür, an so eine Menge Geld geraten zu sein. Andere verdienten es sich mit Können und Fleiß.

Aber, war diese »Menge« Reicher zu vermuten? Ich hätte auf viel weniger getippt. Nun eine simple und gar nicht hinterhältige Frage: Haben wir die vielen Reichen – 798 000 – verdient? Wahrscheinlich wohl. Doch einen Haken scheint mir die Sache zu besitzen, nämlich: Oben – so viele. Und unten viel mehr andere …

Geraten wir nicht alle bei solchem Schiefstand ins Trudeln? Noch einige Fakten. Von der vorletzten bis zur jetzigen Millionärs-»Bestandsaufnahme« hat sich dieser Reichenkreis um 33 000 gesteigert. Was begründet das? Und wie wird es aussehen, sagen wir, Ende 2009, wenn sich die Krise – hoffentlich – wieder verzogen hat?

Ein »World Health Report« meldete, auch weltweit nahmen die Reichen zu, und zusätzlich gab es 2007 schon 94 700 Reiche, die dem exquisiten Zirkel der »besonders Wohlhabenden« angehören. Das setzt voraus, über mindestens 30 Millionen Privatvermögen zu verfügen. Ja, da wackeln die Wände. Was wird aber, wenn bei den zig, zig Millionen, die gar keine festen Wände einer Behausung besitzen, mal, aber irgendwann ganz bestimmt, deren Zornes-Tsunami unsere Häuser davonspülen wird? Nein, nein – keiner der Milliardäre und Millionäre sitzt so fest im goldbestickten Sattel, um solchem neuen Sintflutsturm auszuweichen.

Nochmals. Rentnern, Ostrentnern zumal, wird schwindlig, solche Gedankenausflüge zu betreiben. Wer nun noch dazu wieder ins Jubiläumsmeckern gerät, warum wird hier ein Keil zwischen deutsche Rentner getrieben, muss auf den Boden deutscher Tatsachen zurückgeholt werden. Ja, noch immer müssen sich Ostrentner der Diskriminierung beugen, Monat für Monat grundsätzlich 13 Prozent geringere Renten zu empfangen. Wer's nicht glaubt, erkundige sich bei seinen zuständigen Politikern. Im – immer noch – reichen Deutschland gibt es zwei Rentner-Klassen.

Und, Moment mal, ist so etwas als Unrecht zu bezeichnen – oder …?

Zurück ins Reich der Nullen.

SOS: 1125 Neunnuller!

Milliardäre – das schreibt sich so: 1 000 000 000. Ja, jetzt müssen wir schwindelfrei bleiben. Und auch nicht schwindeln, sondern nur von verrückten Tatsachen berichten.

2008 gab es weltweit 1125 Milliardäre und zusammen besaßen sei 4,4 Billionen Dollar. Durchschnittlich waren diese Supersuperreichen 61 Jahre alt, und die wenigsten sind Europäer. An der Spitze rangierte viele Jahre als »Weltreichster« Bill Gates, der Gründer des Software-Konzerns Microsoft. Sein Vermögen wurde auf 58 Milliarden geschätzt. Doch er musste 2008 das »Gelbe Trikot« abgeben. Warren Buffett, auch ein Amerikaner, 77 Jahre alt, damit 15 Jahre älter als Gates, zog mit 62 Milliarden an die Spitze. Er wurde an der Börse reich und reicher. Offensichtlich muss er »die Nase« für die Aktien-Aktionen besitzen, aber der Mann aus Omaha, als Familienvater Witwer, bestimmte inzwischen, der größte Vermögensbatzen wird der Stiftung »Bill und Melinda Gates« zugeführt. Okay.

Gates ist nun Dritter. Vor ihm rangiert der mexikanische Geschäftsmann Carlos Slim Helu. 60 Milliarden gehören ihm und seinen drei Söhnen. Auch die Helus tun Gutes, so verschenkten sie Laptops an arme mexikanische Kinder. In der Reichenweltrangliste folgen dann die Aufsteiger der letzten Jahre: Inder. Ohne jetzt näher darauf einzugehen, einige besitzen mehr als 40 Milliarden. Und noch das: Reichster Europäer ist ein Schwede, Ingvar Kamprad, auch schon 80. Sein Geld machte er als gewiefter Kaufmann, der einst als Ein-Mann-Betrieb startete – mit Ikea-Möbeln.

Ich weiß nicht, ob viele Leser darob sauer werden,

mindestens neidisch. Wahrscheinlich dürften junge Leute ganz speziell den allerjüngsten Milliardär bestaunen oder beneiden, den 24-jährigen Facebook-Gründer Mark Zuckerberg, der etwa 2 Milliarden besitzen soll. Allen Frauen sei noch mitgeteilt, reichste Frau der Welt ist die schon 86-jährige Französin Liliane Bettencourt. Als L'Oreal-Erbin kam sie zu geschätzten 23 Milliarden Dollar. Das hieße Platz 17 in der Weltrangliste. Wichtig scheint mir auch noch der Hinweis, diese Weltspitzengruppe der Milliardäre hat sich in den letzten drei Jahren nahezu verdoppelt. Von 691 im Jahr 2005 auf besagte 1125 Milliardäre gegen Ende 2008.

Meine gute, alte Cottbuser Oma, der ich vieles verdanke, die nie in ihrem schweren Leben eine dreistellige Rentensumme kennenlernte, hätte in Kenntnis dieser heutigen Fakten sicherlich gesagt: Junge, Geld allein macht nicht glücklich. Viel wertvoller ist, gesund zu sein.

Nie hätte ich ihr früher und schon gar nicht heute widersprochen. Christian Morgenstern, Münchener Dichter und Kabarett-Texter, schrieb vor rund 100 Jahren in seinen »Galgenliedern«: »O Mensch, das Geld ist nur Chimäre.« Und was ist Chimäre? Ein Ungeheuer.

Brecht und Banken

Im simplen Journalistenjargon wäre das stinkende Thema so zu bewerten: »Zum Kotzen, Herr Major ...«

Das allerdings reicht hier nicht. Es geht um gierige Geier. Deshalb, im ewigen Dichterhimmel bitte ich bei Bertolt Brecht um Verständnis und Zustimmung, wenn ich seine gestrigen Zitate heute wieder gebrauche. Sie sind hochaktuell. Bankern, um die es hier wieder geht, wird das ziemlich schnurz sein. Bitte. Uns jedenfalls stinkt es mächtig, und Brecht ermuntert, denn der Gestank ist nicht neu.

1928 schrieb er sein weltweit unverwüstliches Meisterwerk »Die Dreigroschenoper«. Da agieren seine Täter in Londons Unterwelt. Hauptfigur ist Räuberhauptmann Macheath, genannt Mackie Messer. Er kommentiert uns seine Taten mit dem längst Klassischen:

»Was ist ein Dietrich gegen eine Aktie?

Was ist ein Einbruch in eine Bank gegen die Gründung einer Bank?«

Und schon im Moritatensong kennzeichnet Brecht seine Täter drastisch:

»Und der Haifisch, der hat Zähne,

und die trägt er im Gesicht ...«

Unsere heutigen Haifische leben meist wie Biedermänner. Sie sind allerdings auch keine Räuberhauptmänner mehr, sondern Räubergeneräle und bilden – weltweit verstreut, aber in herzlicher Geldgiereintracht – einen räuberischen Generalstab. Unsere jetzige Unterwelt. Seit Brechts Jahren wucherte Kapitalismus zum Raubtierkapitalismus. Überall schreit es: Achtung, Haie!

Sie nennen sich inzwischen »Banker«. Früher, zu meiner Kindheit, hießen sie noch Bankiers. Der kennzeichnende Wechsel vom Französischen ins Englische beschreibt auch – unbewusst? – den radikalen Wandel von ursprünglich Seriösem zum Hasardeurischen.

Die einst ehrenwerte Tätigkeit imponierte. Wenn ich mit meiner Großmutter Weihnachten in die Cottbuser Klosterkirche ging, bestaunte ich immer wieder unseren stadtbekannten Bankdirektor. Mit einem anderen feingekleideten Herrn saß er in der Ehrenloge. Vorn, an der Weste, blinkte eine bestimmt goldene Uhrkette. Ich schlich mit dem Versuch einer linkischen Verbeugung vorbei, um ganz weit hinten unseren Platz zu finden. Bei einem solch flüchtigen Kontakt zum Festgottesdienst bildete ich mir ein, er hätte zurückgenickt. Ich war weihnachtsglücklich.

Später lernte ich unsere Betriebssparkassenchefs tatsächlich persönlich kennen. Im Rundfunkhaus Nalepastraße. Im Adlershofer Fernsehen. Es waren auch Frauen Chefs. Alles freundliche Menschen. Gehaltsempfänger wie wir. Aber was heißt das auch: Betriebssparkassenleiter und Banker. Ein Unterschied wie Energie Cottbus zu Bayern München.

Kleine Fische gegen große Haie.

Was unsere jetzigen Banker, die von New York bis Berlin und München, mit unseren Geldern anrichteten, woran wir immer noch schwer zu kauen haben, bezeichnen Fachleute als Finanzkrise. Ein ehrenwerter Mann wie Klaus Staeck, Präsident der Berliner Akademie der Künste, Klasse-Grafiker und mehr, kommentierte: »Die Banken haben unser Geld verzockt. Wir leben in einer Spielhölle … Aber wir erleben ja gar keine Finanzkrise, sondern einen Zusammenbruch. Das neoliberale Wirtschaftssystem, das auf Privatisierung und Deregulierung basiert, ist bankrott.«

Ein politikerfahrener, kampfharter Mann, Heiner Geißler, einst Minister und CDU-Generalsekretär, schrieb schon 2004 von Menschen, »deren Gier nach Geld ihre Hirne zerfrisst. Die Menschen leben und arbeiten in einer globalisierten Ökonomie, die eine Welt der Anarchie ist, ohne Regeln, ohne Gesetze, ohne soziale Übereinkünfte, eine Welt, in der Unternehmen, Großbanken und der ganze ›private Sektor‹ unreguliert agieren können.«

Und wie reagieren nun die Haie, die Wesen mit den Riesenrachen, die ihre Mäuler nicht voll genug kriegen, jetzt, da es an Uferrändern der Gesellschaft etwas brennt? Auch in anscheinend brenzliger Situation sinnen sie nach mehr. Sie wollen »Boni« für ihre Taten. Ja, es ist zum … Gewinn, Bekommenes in sieben- und achtstelligen Dimensionen reicht noch nicht. Uns Normalos lehrt das alles das Fürchten. Wie lange hält noch der soziale Frieden? Wenige ganz, ganz oben werden immer reicher. Viele, viele ganz, ganz unten werden immer zahlreicher. Armut wächst. Kinderarmut, scheußlichstes gesellschaftliches Politikresultat, nimmt rapide zu, geht in die Millionen …

Wo bleibt die Politik?

Was tun unsere Volksvertreter?

Ducken sie sich? Gucken sie weg? Stecken die Köpfe in den Sand?

Haben sie Angst? Vor wem? Vor denen von Unten oder denen von Oben? Es riecht nach – noch – Oben-Angst.

Arbeitsgruppen der Parteien, die über Begrenzung von Managergehältern, über Verkleinerung von Aufsichtsräten diskutieren, Lösungen vorschlagen sollen … Der Satz bleibt unvollendet. Wie alles bisher. Dafür werden Milliarden und Abermilliarden zum Brandlöschen in die Banken gepumpt. Steuerzahlergelder! Kinder, Enkel, Urenkel, alle werden noch jahrzehntelang für die Missetaten anderer zahlen, die immer noch persönlich Reiche sind. Bisher gibt's keine Hinweise – die Politik wird dafür sorgen –, dass Schuldige selbst jahrzehntelang alle Staatsgelder zurückzahlen müssen. Auf Heller und Pfennig. Nichts da!

Warum?

Tragen etwa die Parteispenden zu makabrem Friedensschluss bei? Allesamt kassierten. Kassieren sie weiter? Auf dem Umweg auch unsere Steuergelder?

Dann: Pfui Teufel!

Bertolt Brecht bot schon damals mehrere Finalsituationen seiner »Dreigroschenoper« an: Vom radikalen

»Man schlage ihnen ihre Fressen mit schweren
                   Eisenhämmern ein«

bis zum großen Räuberschlusschor aller:

»Verfolgt das Unrecht nicht zu sehr, in Bälde
Erfriert es schon von selbst, denn es ist kalt.
Bedenkt das Dunkel und die große Kälte
in diesem Tal, das von Jammer schallt.«

Von Heribert bis Herbert

Heribert, Heribert Meisel vom Österreichischen Rundfunk, Radio Wien, lernte ich 1952 in Helsinki kennen. Ein feiner Mensch, kollegial, freundlich. Es machte mich sehr traurig, dass er so früh sterben musste, keine 50 Jahre alt. Ich bestaunte seinen Reportagestil. Elementar, emotional und witzig! Warum, fragte ich mich schon damals, warum hat Deutschland keine – kaum? – witzigen Reporter? Meisel brachte mich auf die Spur, dem – jedenfalls damals noch – deutsch-militärisch gefärbten zackigen Stil alle Aufmerksamkeit zu schenken. Nicht nur, um ihm nicht selbst zu verfallen. Meisel ist und bleibt ein unvergessener Kollege. Wie viele andere.

Da haute nach Meisel in Wien Edi Finger auf den Putz, so dass die (Sprech-)Fetzen flogen. Ich lernte vom Schweizer Vico Rigassi, der viersprachig (!) reportieren konnte. Mein großer Respekt gehörte über viele Jahre dem schwedischen Mikrofon-Altmeister Sven Jerring, der bis ins hohe Alter immer noch beim Wasalauf kommentierte. Georges Riquet war der freundliche französische Grandseigneur, Pekka Tillikainen der schwergewichtige finnische. Und György Szepesi unser vieljähriger Budapester Freund ...

Klasse – Hunderte Erinnerungen mit diesen und anderen Kollegen von (fast) überall auf der Welt. Uns alle verband der Sport und unser Beruf.

Genauso war es in Deutschland. Noch in Helsinki 1952 lernte ich Rolf Wernicke kennen, und Harry Valérien startete dort wie ich seinen langen Berufsweg. Noch heute fühlen wir uns, aus vielerlei Gründen, menschlich nahe. In Australien, bei den 56er Melbourne-Spielen, wurden vor allem Herbert Zimmermann, der Hamburger, und Gerd Krämer, der Frankfurter, und dann Rudi Michel, gute Kollegen, und wir blieben es Jahrzehnte.

Wir, das waren meine Freunde Werner Eberhardt und Wolfhart Kupfer, der leider auch, wie der alte Freund und Wegbegleiter Wolfgang Hempel, viel zu früh verstarb. Mit Werner Eberhardt und den jüngeren Kollegen aus der Nalepastraße treffen wir uns monatlich.

Leider gibt es auch diese Feststellung: Je jünger die in der Bundesrepublik nachrückenden Kollegen wurden, desto mehr kühlte sich das Deutsch-Deutsche ab. Es mag mehrere Gründe geben. Hauptsächlich war, ist immer noch: Es gab, gibt keinen gemeinsamen Zugang zur deutschen Geschichte. Und ein verbreitet hartnäckiges Desinteresse.

Pfui?

Eigentlich – ja.

Tod und Journalismus

Als mich nach zwei kurzen Berufs-Sprints (Schauspieler, Lehrer) das Riesenglück erwischte und ich auf die Journalistenlebensmarathonstrecke gelangte, fassten mich auch viele Ängste. Kannst du das wirklich? Genügt deine Stimme? Reicht dein Wissen? Was bedeuten Moral, Anstand, Vorbild bei dieser Tätigkeit? Was darf man, was nicht? Was verantwortest du? Was musst du tun, um selber in Form zu kommen, in Form zu bleiben, deine Qualität zu verbessern? Und, und, und …

Und ich weiß, das juckt heute viele Journalisten und »Journalisten« überhaupt nicht, und manche von denen werden jetzt auch sofort zum lässigen Konter ansetzen: Der Wichtigtuer, Spinner, der hat's gerade nötig … Ja! Er hat es nötig. Noch heute, nach 60 Journalisten-Tätigkeitsjahren – Training muss sein. Stimme muss bleiben. Und, und Haltung – auch.

Jetzt nenne ich ein Schicksalswort: Winnenden, März 2009.

Jenes tragische Geschehen, Ängste, die bis heute in den Knochen sitzen, alles fällt mir ein. Was mir dabei auffiel. Zum Entsetzlichen gesellte sich das Entsetzliche einer Art Journalismus, die auch erschreckt. Mit welcher Portion Schamlosigkeit schwärmten, Fliegen gleich, »Journalisten« durch die kleinen Orte trauernder, gelähmter Menschen, um »den Job« zu verrichten. Welchen Job? Fragen, Nerven, Heucheln, Belästigen …?

Pfui Teufel!

Und, o Graus!, auch das von uns bezahlte öffentlich-rechtliche Fernsehen nahm – wieder einmal – die Chance wahr, spezielle Nicht-Qualität zu beweisen. In den besinnlichsten Situationen der langen Direktübertragung nutzten »Journalisten« genannte Mikrofonhalter jede Chance persönlicher Wichtigtuereien mit primitiven und überflüssigen Fragereien: »Was empfinden Sie? Woran denken Sie? …«

Denken denn diese »Journalisten«?

Doch schon in anderen Zusammenhängen (Peking, Fußball-WM …) musste gefragt werden: Wer lässt das zu? Welche Qualitäten besitzen die Verantwortlichen?

Es bleibt auch die Befürchtung: Darf heutzutage jeder, der genügend Dreistigkeit und etwas Protektion besitzt oder erhält, ans Mikrofon? Welche Qualitätskriterien sind beim Journalismus dieses Jahrhunderts überhaupt noch gefragt?

Ich weiß, es ist der Notruf vieler: Tod diesem Journalismus!

Trüffel-Schweine

Hm, der Titel riecht nun nach ulkiger Geschichte. Das stimmt leider nicht. Schon eher nach merkwürdiger, oder korrekter, nach bezeichnender …

Zur Sache:

Trüffel – Fachleute erklären, es handele sich um sogenannte Schlauchpilze, die unterirdisch wachsen. (Ja, Pfifferlinge, Steinpilze, Maronen, unsere heimatlichen Schlagerpilze, das sind überirdische.) Speziell der Périgord-Trüffel aus Südfrankreich bedeutet ganz besondere Klasse. Wenn ich allerdings als Trüffel-Dummlack diesen Spitzenschlauchpilz nur nach dem Äußeren bewerten sollte, also bloß mit der B-Note, käme er nicht gut weg.

Nun, – Schwein …

Schweine sind schon seit etwa 8500 Jahren domestiziert. Der Mensch brauchte sie immer und überall. Aber, es gibt auch immer noch Wildschweine. Selbst in Berlin besuchen sie uns dann und wann, und nicht nur am Stadtrand. Kurzum, Mensch und Schwein gehören fest zusammen. Schweinefachleute sagen dann noch, das große Hausschwein, wohl auch Berkshire-Schwein genannt, sei das Allerbeste. Keine Ahnung. Wir alle waren, sind Schweinefleischvertilger. Schweinefleischkundige erläutern noch, kulinarisch das Beste sind Stücken der Hinterkeule, was wohl aber nichts mit Hintern zu tun hat …

Sonst: Ich probierte Trüffel noch nie. Wahrscheinlich hindert mich mein ostproletarisch geprägter Kartoffelsuppe-mit-Bockwurst-Geschmack. So stieß ich noch nie in die deutsche Gourmet-Elite vor. Überhaupt versuche ich, Schweinefleisch zu meiden, wobei mir eine hypochondrische Veranlagung hilft.

Nun wird's problematisch.

Schwenk zum Journalistischen.

Es geht um – ich nenne sie jedenfalls so – Trüffler.

Wohl zuallererst, ungefähr vor hundert Jahren, wurden in Frankreich gelehrige und zugleich gehorsame Schweine trainiert, im Wald nicht nur einfach herumzuschnüffeln, sondern speziell und gekonnt Trüffel zu erriechen und auszubuddeln. Ist mein bildhaftes und satirisches Vergleichen nun zu riskant, manche Journalisten als Trüffel-Experten zu bezeichnen? Deren Vorgehensweise im Wald des Aufarbeitens verlockt zu solchem Lob.

In den letzten zwanzig Jahren lernte ich, Trüffelerschnüffeln ist eine probate Produktionsform der Gesprächsführung. Das geht so, ein Beispiel:

»Wir sind vom Sender Sowieso und wollen etwas über den DDR-Sport hören, Kamera und Ton ab …« Dann folgen Fragen, Antworten, Fragen, Antworten, Nachfragen, Antworten und so fort. Kein Gespräch, nein, kein Interview, sondern diese Mixtur an Unseriösem. Immerhin geht es um das hoch im Geschäft stehende »Aufarbeiten«. Ost-Aufarbeiten, Ost-West-Aufarbeiten, also deutsches, das ist nicht gefragt.

Solche Art und Weise journalistischen Produzierens feiert im Jubiläumsjahr Feste.

Denn aus ca. einer Stunde Aufnahmematerial wird geschnitten und geschnippelt, um an den für sie trüffligen Kern gewünschter Absicht zu gelangen; und gesendet wurden, werden ein paar Sätze, ein Zielverhältnis von 60 : 1 oder ähnlich.

Pfui Teufel?

Jedenfalls riecht es hier nach Giftpilzigem. Tut das dem »Aufarbeiten« gut?

Ich stelle nur fest: Meine persönliche journalistische Gesprächsform war anders. Zum einen vollzog sich etwa 95 Prozent dessen, was ich in Sportsendungen oder bei »Porträt per Telefon« machte, live. Total. Mit einem anderen Wort: ehrlich. Hier stehen sich Journalisten-Grundhaltungen – ich rede, schreibe speziell von Radio und Fernsehen! – nicht nur gegenüber, sondern entgegen.

Schade.

Leider, aber selbstverständlich muss ich auch diese Kritik annehmen: Warum stellte ich mich unter solchen Bedingungen überhaupt zur Verfügung? Asche aufs kahle Haupt. Kollegiale Naivität, die bisher noch nicht totgetrickst war, und die Grundhaltung: Ja, wir müssen gemeinsam reden, um endlich gemeinsam zu werden. Das erwies sich, bisher jedenfalls, als zu naiv.

Dennoch, danke. Man lernt nie aus.

Klamotteure

Stimmt, diese Kennzeichnung stammt vom Wort Klamotte. Das wiederum bezeichnet irgendwelche Brocken oder alte Gegenstände wie Sakkos, Jeans, Socken … Na ja. Trauriger wird es schon, wenn das auf mieses Theater zielt. Und damit sind wir dicht am hier Gemeinten, was noch viel mehr öffentliche Verantwortung trägt, also bei Radio und Fernsehen. Doch gerade dort türmen sich die Klamotten, häufen sich deren Verkäufer, die Klamotteure.

Exakter – es sind nicht nur die Privaten, die ungezügelten und ungebildeten Plappermäulern Kameras und Mikrofone freigeben, sondern auch die von uns allen bezahlten Öffentlich-Rechtlichen. Auch dort tummeln sie sich in Früh- und Spätprogrammen, vormittags und nachmittags, und dürfen ihre Affereien und Plappereien an Mann und Frau, Kinder und Jugendliche bringen. Ich nehme ein Beispiel namens Pocher. Dieser junge Mann übte sich von ziemlich unten nach ganz oben, und das verdient eigentlich Anerkennung. Bitte, wer das schafft, bis in die Abendprogramme der ARD, dem darf man gratulieren.

Nur nicht der ARD. Sie erteilte Pocherschen Wort- und Witzabsonderungen öffentlichste Absolution. Tja, und nun bezahle ich ihn mit. Ich gehe davon aus, dass ich mir damit ebenso diese ärgerliche öffentliche Meinungsäußerung erkaufe – oder? Bevor ich mich weiteren Pfui-Beispielen zuwende, nur noch die öffentliche Feststellung: Selbstverfreilich ist das ZDF genauso öffentlich-rechtlich wie die ARD.

Detaillierter: Im gewaltigen Weltkrisenjahr 2009 mit Knockouts in Wirtschaft und Finanzen verdeutlicht sich auch immer mehr ein schon lange angestautes Qualitätskrisenangebot unserer immer noch sogenannten Qualitätszuständigen und Qualitätsverpflichteten.

Das Erste sendete das Letzte. Abgesehen davon, dass Preisverleihungen sich längstens selbst zur Inflationsware entwerteten. Und dass dabei immer wieder die zusammentreffen, die sich im Karussellverfahren gleichfalls längstens kennen, bei Beckmann und Kerner und Co. herumgereicht werden. Das sind keine Sensationen.

Dieser »Echo«-Preisverleihungsfernsehabend wurde eine. Da holperte und stolperte ein Radaumarathonprogramm, das einen vom Stuhle riss und gleichzeitig die Schuhe auszog. Hauptbeteiligte: zwei sogenannte Moderatoren. Herr Pocher und eine Dame, deren Namen ich aus Gründen meiner Kavaliersbemühungen verschweige. Beide schrien, brüllten sich über die Stunden, verflapsten den ohnehin schon verkorksten Abend. Brrr.

Natürlich haben Sie recht: Im verkleinerten Maßstab, aber mit selbigem Niveauanspruch erleben wir das Tag für Tag in den zig, zig Früh- und Nachmittagsprogrammen und, und, und … So bitte ich auch bei denen um Entschuldigung, die gerade das dauerhaft wählen. Pardon, mein Geschmack ist eben nicht besser.

Das beweist auch mein Urteilen über ein anderes Superhypermegaevent. Als 2008 Deutschlands Fußballer Vize-Europameister wurden, musste für die Heimkehrer eine Riesensause ran. Selbstverständlich am Brandenburger Tor. Selbstverständlich musste das Johannes B. Kerner moderieren, und ebenso selbstverständlich durfte ein Pocher nicht fehlen. Dessen Super-Gag wurde der Bühnenlaufstegwatschelgang, mit dem er die Spieler des verdienten und großartigen Europameisters Spanien verarschte. Oh, noch mal Pardon … Das ist mir jetzt so rausgerutscht.

Solcherart Auftritte gehen auf das Konto der Öffentlich-Rechtlichen. Deshalb auch versöhnlerische Fairnessbemühungen. Bei ARD und ZDF arbeiten auch Journalisten und Unterhalter, die solche Kennzeichnung wirklich verdienen. Ich zitiere dazu gern Jörg Thadeusz vom RBB, der zudem auch Kolumnist der »Berliner Zeitung« ist und in einer Ausgabe 2009 kommentierte: »Dabei schätzt insbesondere das Fernsehen Gestalten, die aus dem Hinterhalt kommen … die herrische Super-Nanny Katharina Saalfrank … oder die Daily-Talk-Moderatoren, die ihren Geruchssinn für die Karriere an den Teufel verkauft haben. Dementsprechend nicht riechen können, wie es müffelt, wenn sie in der schmutzigen Wäsche fremder Leute wühlen. Alles Individuen, die nur im Unguten gut sind.«

Das ist gut.

Nobel, Noble

Darauf musste man kommen: Glyzerintrinitrat mit Kollodiumwolle oder auch Kieselgur, und dann wohl auch noch mit anderen höchstwichtigen Zutaten mixen und – Hokuspokusfidibus – fertig ist der für lange Zeit sensationellste Sprengstoff der Menschheitsgeschichte. Halt! Moment, dem Schweden Alfred Nobel gelang das Kunststück erst 1867, bis dahin dominierte Schießpulver kriegerisches und anderes Geschehen. Angeblich soll das von einem Mönch namens Berthold Schwarz um 1300 erfunden worden sein … Und, nochmal Halt: bis mit der Atomspaltung der allersensationellste Erfindungscoup der Menschheit glückte. Glückte? Besser wohl: verunglückte.

Zurück zu Nobel. Sein Patent machte ihn zum steinreichen Mann. Es entwickelte sich noch im 19. und dann vor allem im 20. Jahrhundert eine Sprengstoffindustrie, die es in sich hatte. Sie schenkte Gutes und schaffte Entsetzen. Schon oft lagen in der Menschheitsgeschichte Gutes und Bösestes dicht beisammen. Alfred Nobel konnte wahrscheinlich nur vermuten, was die Geister, die er rief, anrichten.

Aber: Nobel hinterließ uns jedoch nicht nur den gefährlichen Stoff Dynamit, sondern auch den Großteil seines mächtigen Vermögens. So entstand die Nobelpreis-Stiftung mit ihrem wohl allerwertvollsten Teil, dem Friedensnobelpreis.

Noble – feine, großartige – Menschen empfingen und empfangen Jahr für Jahr diese weltweit überall geschätzte Anerkennung des Friedensnobelpreises. Viele Namen wären zu nennen. In immer noch und täglich wieder unfriedlicher Zeit will ich nur einige Beispiele finden.

Es sind Menschen-Beispiele, denen meine höchste Verehrung gilt.

Vielleicht allen voran: Nelson Mandela. Der inzwischen leider schon greise, aber rund um den Erdball immer noch und immer wieder Gefeierte gewann solch überragende Sympathie nicht nur wegen seines Kampfes als südafrikanischer Bürgerrechtler. 28 Lebensjahre musste er hinter Gefängnismauern verbringen. Tagtäglich gedemütigt. Nach endlicher Haftentlassung wählte ihn Südafrika zum Präsidenten der Republik. Er, der die Apartheid, die südafrikanische Rassentrennung leidenschaftlich bekämpfte, hätte guten Grund besessen, sich nun als Sieger zu fühlen. Er wählte Demut und Versöhnung. Er kämpfte nun gegen neuen Hass, gegen dauerhafte Revanchegelüste, gegen das Begleichen alter Rechnungen. Mandela lebte vor. Endliche Toleranz, gesellschaftlichen Frieden, denen gelten seine Haltung und Taten. Daraus schöpft er für seine Heimat alle Hoffnung.

Ich schaue auch mit ähnlicher Hochachtung auf Václav Havel. Auch er focht im Nachbarland, damals noch Tschechoslowakei, gegen Diktatur, für Menschenrechte und Demokratie. Auch Havel ließ sich nie zerbrechen. Bis heute nicht. Wir dürfen stolz sein, dass er den Friedenspreis des deutschen Buchhandels entgegennahm. Der vormalige Präsident der neuen Republik, der Schriftsteller, Dramatiker.

So müsste ich voller Bewunderung über Mutter Teresa, Albert Schweitzer, Gandhi, Nehru, Pastor Niemöller … schreiben. Tröstlich, wie viele große und gute Menschen es gab und gibt.

Mag es manchen überraschen, wenn ich nun noch an Stefan Heym denke?

Leider lernte ich ihn nie persönlich kennen. Als ich Heym in meiner Adlershofer Fernsehdienstzeit einmal fürs »Porträt per Telefon« vorschlug, stoppten das auf der notwendigen Genehmigungsleiter bereits die auf den unteren Sprossen. Heym, der gebürtige Chemnitzer, bestritt unterschiedlichste Lebensetappen. Mir imponierte als jungem Kriegsrückkehrer ganz besonders sein Buch »Kreuzfahrer von heute«. Heute schon ganz vergessen? Schade. Heym tat zur Nazizeit als Offizier der US-amerikanischen Armee seinen Dienst. Ich las das Buch in wenigen Tagen, und es beeindruckte mich wie die Bücher von Mailer, Hemingway, Simonow …

Doch auch das fällt mir zur Lebensleistung von Stefan Heym wieder ein … Ich sehe die Übertragungsbilder aus dem Deutschen Bundestag, den Stefan Heym als Alterspräsident mit seiner Rede zu eröffnen hatte, und ich sehe auch noch die stummen, toten Gesichter eines Großteils der Abgeordneten, die den Auftritt dieses Deutschen mit provinzieller, peinlicher Nichtachtung quittierten.

O ja, lieber, verehrter Heinrich Heine: »Denk ich an Deutschland in der Nacht …«

Mir ist auch noch dieser Name ganz gegenwärtig: George Marshall. Der war zeitlebens Militär, so Generalstabschef unter US-Präsident Roosevelt. Diese Tätigkeit hinderte ihn nicht, eine der allerstärksten Friedensleistungen für die Deutschen, Westdeutschen zu initiieren. Von ihm stammt die Idee des Marshall-Plans. Dessen Verwirklichung schenkte Millionen zwischen Rhein und Elbe ersten neuen, kleinen und dann immer größeren Wohlstand und inneren Frieden.

Warum vergessen Menschen so viel?

Bravo

Und: diese fünf Buchstaben werden dick unterstrichen. Also ...

Bravo, dass es so kam, 1989, 1990, 1991 ...

Gut, dass es so ist. Auch zum Noch-besser-Werden!

Selbstverständlich kann ich auch hierzu wieder nur für mich sprechen. Mein Bravo wächst aus meinem Leben. Und – ich respektiere jede andere Meinung, jedes andere Urteilen.

Als ich 1944 mit 16 Jahren von der Schule musste, brachen in radikalster Folge die dramatischsten politischen Geschehnisse meines Lebens über mich herein. Erst, im schon sterbenden Sommer, das Ostwallschippen in westpreußischen Kiefernwäldern. Naziverbrecher hatten uns eingeredet, unser Graben zwei Meter tiefer Löcher würde entscheidend mithelfen, den Angriff sowjetischer T-34-Panzer zu stoppen. Eine böse und verlogene Darstellung der Realitäten. Hier war nichts mehr zu bremsen. Der grausame faschistische Krieg war längst verloren, kam nun nach Hause.

Dann, zwei Monate später, folgte das Kommando Arbeitsdienst. Eine gleichfalls idiotische Endaktion. Wir kloppten exerzierend Spatengriffe und schleppten Baumstämme hin und her.

Im Dezember, ich beging gerade bei meinen Eltern den 17. Geburtstag, flatterte die »Einberufung« zum Kriegsdienst ins Haus. Niemals vergesse ich den Weg zum Cottbuser Bahnhof. Früh, kurz nach 5 Uhr, standen wir am Zug nach Berlin, um dann dort noch rechtzeitig den Anschluss nach Stralsund zu erwischen. Mein Vater drückte mir noch 5 Mark in die Hand. Dann weinten wir. Ich nahm den Pappkarton, und mein Vater flüsterte noch: »Komm gesund wieder, Junge …« Das war der Abschied von Zuhause und – von Deutschland.

Als ich im Sommer 1946 nach Gefangenschaft und abenteuerlichem Trampen quer durch Deutschland zurückkehrte, gab es Deutschland nicht mehr. Viergeteilt, zerrissen – was war es?

Nun springe ich mit gewaltigem Satz ins Hier und Heute. 60 Jahre lebten wir getrennt. Und das nicht nur polit-geografisch. Getrennt im Erleben und Weiterlebenwollen.

Noch in Gefangenschaft diskutierten wir 17-, 18-Jährigen über unsere Zukunftschancen. Alle äußerten neben der Hoffnung, möglichst bald nach Hause zu kommen, es wird sicherlich nicht allzu lange dauern, dann ist Deutschland wieder Deutschland. Ja, wir waren ahnungslos, politiknaiv, aber irgendwie auch nebulös optimistisch.

Dann wurden es über 40 Jahre. Für unseren Jahrgang etwa das halbe Leben.

Im geteilten Deutschland traf ich nur zwei meiner damaligen Kameraden kurz wieder. Den einen guten Freund in Hamburg, den anderen in Dortmund. Beide besuchten mich auch in Berlin. Wir kannten unsere Lebenswege, respektierten sie. Uns verband bis zu ihrem leider viel zu frühen Sterben das im alten und zerstörten Deutschland gemeinsam Mitgemachte.

Nun zurück zum Bravo.

Das gilt dem neuen Deutschen seit 1989/1990, und im Speziellen dem auf beiden Seiten in jeweils 40 Jahren Geschaffenen. Unter höchst unterschiedlichen politischen und wirtschaftlichen Bedingungen brachten wir vieles zustande. Jedem steht es zu, das zu beurteilen. Jedem, eben nach seinem Erlebten, Erhofften, Gewünschten und Geglaubten. Und – nach seiner Lebenshaltung.

Für alle 80 Millionen gilt nun dieselbe Lebensspielregel, das Grundgesetz der Bundesrepublik. Mir scheint es ebenso richtig wie wichtig, oft daran zu erinnern. Alle Deutschen können nach und mit diesem Gesetz nicht nur gut leben, sondern auch stolz darauf sein. Allerdings erfüllt sich diese Hoffnung nur, wenn die jeweils regierenden Politiker und Parteien das Grundgesetz von 1949 auch 2009 und immer weiter respektieren. Nur dann wird es, bleibt es tatsächlich Gesetz ihres Handelns und unseres Zusammenlebens. Jubiläumslaune allein macht es nicht.

Einer der Urväter deutscher Demokratieentfaltung nach 1949, der von 1949 bis 1959 amtierende Bundespräsident Theodor Heuss, kommentierte damals: »Wir stehen vor der großen Aufgabe, ein neues Nationalgefühl zu bilden. Eine sehr schwere erzieherische und erlebnismäßige Aufgabe, dass wir nicht versinken und stecken bleiben in dem Ressentiment, in das das Unglück des Staates viele gestürzt hat, und das wir nicht ausweichen in hochfahrende Hybris, wie es bei den Deutschen oft genug der Fall war.«

Hybris?

Aus dem Griechischen.

Zu Deutsch: Frevelhafte Selbstüberhebung.

Danke, Theodor Heuss. 60 Jahre später darf man nach Erfahrenem wohl hinzufügen, frevelhaftes Selbstüberheben nicht nur der Welt, sondern auch dem Innerdeutschen gegenüber.

Ich erlaube mir in jubiläumsfeierlicher Situation noch die Bemerkung eines anderen großen Deutschen, Ex-Bundespräsident Richard von Weizsäcker, anzufügen.

Er äußerte 1985, uns zeitlich näher und zugleich zeitlos wertvoll:

»Zur Demokratie gehört unauflösbar die freie politische Auseinandersetzung ihrer freien Bürger. Ebenso unauflösbar gehört aber auch zu ihr, dass sich in dieser Auseinandersetzung, so groß die Gegensätze sein mögen, der Wille und die Fähigkeit zum Miteinander bewähren müssen.«

Bravo.

Aber

… was nun?

Was wurde, wie es ist?

Also vom Bravo gleich wieder zum Pfui?

Jeder entscheide für sich. Wie er will.

Ich rangle mich übers Aber zu vielen Problemen. Dabei lässt sich nicht abstreiten: Ja, es ist wie ein Hintertürchen, das man sich immer offen lässt, um ja nicht … Was ja nicht? Zu viel gesagt, geschrieben zu haben? Dann wäre »Aber« das entscheidende, wichtigste Wort für alles Rückversichern, Türchen-offen-Halten …

Auf jeden Fall ist zu erkennen, was so ein Wörtchen alles in sich birgt. Deshalb lernte ich von Jahrzehnt zu Jahrzehnt immer besser, Kurt Tucholskys scharfe Kritik zu begreifen. Sein »Gruß nach vorn« blieb, bleibt dauerhaft eines meiner Lieblingsbücher. Gleich nach dem Krieg »verschlang« ich die 254 Textseiten in einem Zug. Die Blätter jener Ausgabe sind längst am Vergilben. Ihr Inhalt bleibt klar und jung wie eh und je. Tucholskys Buch-Startmotto von damals lautete:

Alles ist richtig, auch das Gegenteil.
Nur: zwar … aber – das ist nie richtig.

Da haben wir das gefährliche »Aber«.

Allzu gern würde ich mich hier, also anno 2009, noch lange und ausführlich Kurt Tucholsky widmen. Schon deshalb, weil er weiterhin von vielen Zeitungsredakteuren und Autoren, auch Literaturbeflissenen ziemlich gemieden wird. Warum eigentlich? Aber – da haben wir es wieder – hier geht's um aktuelles Heutiges. Insofern erlaube ich mir, wenigstens noch an dieses grundsätzliche Tucholsky-Lebenscredo zu erinnern: er sei bereit, »für den Kampf gegen Militarismus und Faschismus, dem arbeitenden Volk und dem Sozialismus von Herzen alles hinzugeben, nur eines niemals – die eigene Meinung«. Aber, so will ich fragen, darf man das derzeit noch als vorbildlich bezeichnen?

Ja, man – auch so ein Wort! –, man kennt doch seine Pappenheimer. Achtung, Achtung, deutsche Schlaumeier, Besserwisser, Jammerkritiker, westalgische Ostalgie-Oberrichter! Hier gibt's wieder einen Fall für Sie! Und klar, die nun gleich zitierten Fakten können Sie mit souveränem Lächeln vom Tische wischen. Nasse Tücher bereithalten! Los geht's …

Studienresultate zum Jubiläumsjahr besagen, eine starke Mehrheit Ostdeutscher fühlt sich knapp 20 Jahre nach der Vereinigung, die nach Grundgesetz Artikel 23 ein »Beitritt« war, immer noch nicht als Bundesbürger. Alle Befragungen meldeten, mit den Zahlen nur ganz gering unterschiedlich, dasselbe Resultat. Deshalb ist es auch unerheblich, auf welche Ergebnisse ich mich hier berufe. Bewusst wähle ich jedoch keine ostdeutsche Einrichtung, sondern kommentiere Ergebnisse des Bielefelder Instituts für interdisziplinäre Konflikt- und Gewaltforschung über »Deutsche Zustände«. Eben danach fühlen sich die Deutschen immer noch einander fremd, und die Ostdeutschen sehen sich weiterhin benachteiligt.

Zu einigen Zahlen. 75,2 Prozent betrachten ihre Leistungen als zu wenig gewürdigt. 72 Prozent erklären, die Westdeutschen bemühen sich viel zu wenig, das zu begreifen. Allerdings beklagen andersherum auch 44,1 Prozent der Altbundesbürger mangelhaftes Verständnis seitens der Ostdeutschen, die Westsituation zu begreifen. Und noch: 67,4 Prozent Ostdeutsche meinen, Westdeutsche und Ostdeutsche sind immer noch grundverschieden.

Darf ich dazu meine Meinung vortragen?

Gerade dass wir verschieden sind, Westfalen und Mecklenburger, Thüringer und Schwaben, Spreewälder und Schwarzwälder ... das alles kann doch gut und angenehmster deutscher Reichtum sein – wenn, ja wenn der Grundkonsens vorhanden ist: Wir gehören alle zusammen, akzeptieren und respektieren uns, sind vor dem Gesetz alle gleich und machen gemeinsam Deutschland tolerant und stark ...! Wie wunderbar heißt es hymnisch: »... Einigkeit und Recht und Freiheit für das deutsche Vaterland, danach lasst uns alle streben, brüderlich mit Herz und Hand ...«

Nochmals zu diversen Umfragedetails und alarmierenden Signalen. Die Bielefelder Forscher legen Wert auf die Schlussfeststellung, ihre Umfrage sei vor der Finanzkrise erfolgt. Dass die Krisenfolgen zu noch stärkerer sozialer Spaltung führen werden, ist für sie logisch. Müsste solches Faktengewitter nun nicht alle Politiker aufschrecken, sie aus nur naiven oder bewusst verdummenden Träumen und Wortgaukeleien reißen? Immerhin nannte ein besonnener Mann wie Bundestagsvizepräsident Wolfgang Thierse das Benannte »ernüchternd«. Doch das ist zu wenig. Tabula rasa, reinen Tisch machen, endlich! Das ist Forderung von Millionen. Da und dort.

Mir ist es dringlich, beim Pfui-Überdenken noch etwas anderes anzumerken. Ein Wort dazu genügt: Arroganz. Dünkel, Überheblichkeit, manchmal in noch unangenehmerer Verbindung mit Dummheit. Das ist zum Kotzen. (Jawohl, das Wort ist hoffähig, weil dudenexistent. Im neuen und noch mit alter Rechtschreibung auf Seite 609.)

Mir stünden leider zahlreiche Beispiele zur Verfügung, und jeder könnte persönlich erlebte hinzufügen. Ich kommentiere nur eines, weil eines der miserabelsten. Den Namen schreibe ich nicht; da sträubt sich sogar die gute, alte Schreibmaschine. Alle Fakten sind ohnehin bekannt, und der Mensch agierte, agiert auch nicht im Mystischen. Nein. Ein Irdischer, ganz und gar, ein Heutiger. Ein Filmemacher, dann und wann meisterlicher, weltmeisterlicher gar, Oscar-Gewinner. Bravo.

Aber – ja, wieder! – er ging den belohnten und deshalb nicht unbeliebten West-Ost-Weg als DEFA-Abwickler (dotiert mit 1,2 Millionen Mark) und gewiss auch in persönlicher Messias-Haltung. Warum nicht. Die jüngsten 20 Jahre deutscher Geschichte sind nun mal so. Nach allem Abwickeln wickelte nun, just im Feierjahr, der Zelluloidmeister seine zusammenfassende Meinung zum DEFA-Schaffen aus dem Festpapier. »Alles furchtbar!« Dass es dann im ostdeutschen Blätterwald rauschte, dass ihm mancher dann bei seinem vernünftigen und lobenswert vorbildlichen Joggen gern ein Bein gestellt hätte, wäre nicht unverständlich – aber unfair.

Schlimmer als nur unfair ist und bleibt dieses Pauschalurteil, dieses hochnäsige, bösartige, Unfrieden stiftende des Dazugereisten. Mehr nicht von mir zu diesem.

Sehr gern nutze ich die Chance, den Tausenden Menschen, die für die DEFA arbeiteten, meine Anerkennung erneut auszusprechen, die bestimmt auch der Meinung von Millionen Ostmenschen entspricht. Wir alle, unsere Kinder, sind mit Meisterwerken aus Babelsberg aufgewachsen. Ob »Die Mörder sind unter uns«, »Der

Untertan«, »Solo Sunny«, »Spur der Steine«, »Der geteilte Himmel«, »Paul und Paula«, viele Märchenfilme großartige Klasse wie »Das kalte Herz«, »Der kleine Muck« ... ach, ach, ach. Das alles bleibt und gehört uns. Bravo! Und danke.

Noch zum Aber-Abschluss auch ein Danke für Günter Grass. Er gab immerhin dem gerade Beschriebenen die »Blechtrommel«-Vorlage. Die Einheitsbilanz des Nobelpreisträgers lautet ähnlich der von Millionen Befragten. Es sei eine Einheit auf Pump, begleitet von einer historisch bisher beispiellosen Enteignung und von Bevormundung der ostdeutschen Bevölkerung. Grass fügte hinzu: »Ich befürchte, dass wir uns auf all den Gedenkfeiern in diesem Jahr in die Tasche lügen werden ...«

Daran wird schon mächtig gebastelt.

Dumm, dümmer...

... geht es nimmer. Jedenfalls dann, wenn sich Menschen über Menschen und deren Leistungen äußern, selbst aber Ahnungslose sind. Oder Faulpelze, die sich keiner Mühe unterziehen wollen, endlich dazuzulernen. Wie anders sind jedenfalls die einzureihen, die sich jetzt, anno 2009 und jubiläumsemsig, berufen fühlen, über DDR-Kunst zu richten?

Anlass, das zu kommentieren, bietet eine Kunstausstellung im Berliner Martin-Gropius-Bau »Sechzig Jahre. Sechzig Werke«. Unter diesen 60 jubiläumsreifen befindet sich kein einziges von DDR-Künstlern! Auch hier wieder: West: 60. Ost: Null. Einig-Deutschlands gewohnte Sieges-Richtschnur.

Arno Rink, ostgeschätzter Meister und einstiger Rektor der Leipziger Kunsthochschule, bemerkt dazu: »Die BRD hat immer noch ein Problem mit der DDR-Kunst. Für die drüben waren wir ja schließlich alle politisch ideologisiert.« Und Rink, auf dessen mirakulös-zauberische Spanien-Lithografie ich jetzt, beim Schreiben, täglich schaue, fügt noch an: »Das ist absolut oberflächlich und ignorant.«

Kennzeichnend, wie das die Ausstellungsveranstalter sehen: Kunst braucht Freiheit, und die hat es in der DDR nicht gegeben. Kunst setzt also Freiheit voraus. Oder das, was jedermann zwischen Kapstadt und Murmansk unter Freiheit versteht. Und: Wer hat schon den Weltkatalog gefertigt, der von A bis Z erläutert, welche der allergrößten Kunstwerke der Menschheitsgeschichte wann und wo und wie unter jeweils welcher »Freiheit« entstanden?

Ich bleibe hier bei denen, die mir nahe sind: Heisig, Ehmsen, Niemeyer-Holstein, Lingner, Paris, Hegewald,

Quevedo, Rink, Mattheuer, Sitte, Tübke, Womacka, Butzmann, Schwimmer ... Klar, Kunst bleibt immer der Kritik ganz persönlichen Empfindens ausgesetzt. Dazu ist sie da! Doch wenn Dummköpfe, die namenlos bleiben, dermaßen urteilig handeln, darf nicht geschwiegen werden.

Auch Klaus Staeck, selbst ein Multimeister der Künste und Präsident der Akademie der Künste, äußerte sich energisch und betont, dass es sich hier um »eine Privatinitiative« handelt, und fügte seiner deutlichen Abgrenzung hinzu: Wir werden dazu aber nicht schweigen ...

Heraklit und Kriege

Was dachte der große griechische Philosoph vor rund 2500 Jahren wirklich über Krieg und Frieden? Mich verwirrt der verehrte Heraklit. Sein »panta rhei« – alles fließt –, die Erkenntnis ewigen Entstehens und Vergehens, begeisterte mich vom ersten Lesen bis zum Begreifen und Akzeptieren. Doch – was soll seine Haltung zum »Krieg der Gegensätze« wirklich ausdrücken? Ist seine Äußerung »Der Krieg ist der Vater aller Dinge« tatsächlich verbrieft?

Immerhin drückte es einer seiner Schüler und Verehrer, Platon, deutlicher aus. Er vermittelte die Überzeugung, dass »alle Kriege doch um des Geldes Besitz entstünden«.

Alte, kluge, unvergessene Griechen hin oder her, wir Nachgeborenen, wir Deutschen besonders, wissen: Krieg bedeutet allerschlimmste Menschenkatastrophe. Grausame Erfahrungen machten diejenigen, die ihn direkt erlebten, erleben mussten. Deshalb denke ich auch anders darüber als – wahrscheinlich – Waffenträger, Waffenbesitzer, Waffenhersteller von heute.

Nach einer Studie des Heidelberger Instituts für internationale Konfliktforschung wird deutlich: Die gegenwärtige Welt zeigt sich stetig aggressiver. So wuchs die Zahl aller friedlichen und gewaltsamen Konflikte auf 345. Der höchste Wert seit Kriegsende 1945. Zwei Drittel davon sind innerstaatliche. »Hochgewaltsam«, wie es die Wissenschaftler ausdrücken, sind 39 – in Buchstaben: neununddreißig! Sieben mehr als im Vorjahr. Gewaltsamste, nach denen in Tschad oder Irak, sind die in Afghanistan, Sri Lanka, Somalia und derzeit besonders im Sudan.

Ein Pazifist kann logisch nur zur Überzeugung gelangen: Das alles wird überhaupt nur möglich durch Waffen und Munition. Deren Produzenten verdienen daran zig Millionen. Ich weiß, das ist ein ganz heißes Thema und für Naive nicht ungefährliches Terrain.

Deshalb, und unkommentiert, nur die wesentlichen und bislang öffentlichen Tatsachen.

Deutschland ist der drittgrößte Waffenexporteur der Welt. Hinter den USA und Russland. Muss man da erst einmal schlucken …?

Weitere Zahlen, Fakten vom Bonner »Internationalen Konversionszentrum« kommentiert dessen Direktor Peter Croll. Demnach wuchsen alle weltweiten Rüstungsausgaben auf geschätzte 1179 Billionen US-Dollar. Das kennzeichnet einen Anstieg zwischen 2001 und 2006 um rund 30 Prozent! Croll deutet dies als Hinweise neuen Wettrüstens. Er prognostiziert, in Deutschland werden die Rüstungsausgaben 2010 voraussichtlich die 30-Milliarden-Euro-Marke übersteigen. Allein 2006 gingen von der Bundesrepublik Rüstungsexporte im Wert von 933 Millionen in Entwicklungsländer. Auch dieser Fakt kann erschrecken: die 30 OECD-Staaten – Organisation für wirtschaftliche Zusammenarbeit und Entwicklung – gaben 2006 104 Milliarden für Entwicklungshilfe und 891 Milliarden US-Dollar für militärische Zwecke aus – fast neunmal so viel!

Ich staune, dass sich die Schreibmaschinentasten immer noch nicht wehren, sich in Schreibfriedensstreik verabschieden.

Nun muss ich ihnen noch mehr zumuten.

Um was für Waffen, was für Munition geht es anno 2009?

Nur Beispiele. Schlimme. Allerschlimmste.

Acht Staaten verfügen immer noch über ein wahnsinniges Atom-Arsenal, insgesamt über 10 200 »gefechtsbereite« Sprengköpfe. Lagern auch welche in Deutschland? Oder muss ich diese Frage verdrängen? Fachleute werden mich, Otto Normalangsthase, sicherlich beruhigen. Oder etwa nicht?

Zahlen des Stockholmer Friedensforschungsinstituts Sipri belegen auch: 79 Prozent aller Waffenexporte kommen aus nur fünf Ländern: USA, Russland, Deutschland, Frankreich und Großbritannien.

Als speziell hinterhältig und gemein gelten Minen und Streubomben. Auch hier zählt Deutschland zu denen, die ein möglichst schnelles Verbot hartnäckig verhindern. Dreimal darf man raten, warum wohl. Und die Bundeswehr will auch erst 2015 darauf verzichten.

Schließlich noch eine andere Katastrophenzahl ekligsten Formats: Weltweit werden derzeit etwa 250 000 Kinder, Mädchen und Jungen, unter 18 Jahren als Soldaten benutzt.

Bei diesem Beschreiben wird mir übel. Doch der folgende Fakt bringt auch keine Ermutigung.

Immer noch, nach jahrelangem Gezerre, gibt es keine Klärung: Was wird mit dem Bombodrom bei Wittstock/Dosse? Rings um die Kyritz-Ruppiner Heide sorgen sich Zehntausende, in Brandenburg und Mecklenburg-Vorpommern Hunderttausende: Was wird aus dem einst friedlich-idyllischen Areal, das zu DDR-Zeiten schon als sowjetisches Bombodrom missbraucht wurde und nun von der Bundeswehr als dringlich notwendiges Übungsterrain gefordert ist?

Politiker, jedenfalls die aus höheren Entscheidungsetagen, kneifen. Definitives, Verlässliches – fast 20 Jahre lang keine Aussage.

Tausende, deren Heimatboden unmittelbar bedroht ist, kämpfen, protestieren weiter. Sie besitzen unsere volle Sympathie. Wir wollen nach allem Erlebten in unserer engeren Heimat nur noch friedliche Heiden, gesunde Wälder, wo Menschen mit Tieren und Pflanzen zu Hause sind.

Kollaterales

Das ist kein P.S., kein Postskriptum, Nachschrift zum Vorausgeschriebenen. Das Folgende beschreibt, erklärt Böses, kommentiert Hassenswertes. Zu starker Ankündigungstobak? Urteilen Sie selbst ...

Gehen wir vom Wort lateinischen Ursprungs aus. Mit »lateral« ist immer Seitliches gemeint. Als Beispiel: der sachkundige Orthopäde beurteilt die Knieverletzung und diagnostiziert: Es erwischte den Meniskus, nicht den »medialen«, zur Körpermitte gewandten, sondern den Außenmeniskus, den »lateralen«, seitlichen.

Okay?

Okay.

Und was ist nun mit »kollateral«?

Das meint: seitlich, nebenherlaufend ...

Jetzt aber zur bösen Sache. Militärs, Kriegsverantwortliche benutzen und beschmutzen das Wort mit ihrer speziellen Kennzeichnung von zivilen Kriegsopfern, die »ebenso nebenbei« von Bomben, Granaten getroffen, getötet werden – Kinder, Mütter, Frauen, Zivilisten. In den allerschlimmsten, verbrecherischen Kriegen waren das Millionen. Heute sind es da und dort wieder Tausende; alltägliche Kollateralschäden. Und bei den kriegerischen Handlungen, die Deutsche jetzt mit zu verantworten haben, sind es Hunderte.

Es waren, es sind, es bleiben teuflische Vergehen.

Ich schreibe das am 24. März 2009. Exakt vor 10 Jahren starteten NATO-Bomber im serbisch-kosovarisch-albanischen Konflikt, der bereits viele Opfer gefordert hatte, Angriffe auf serbisches Gebiet. Deklarierte Ziele waren militärische und polizeiliche Einrichtungen und mitgetroffen wurden wieder Zivilisten. Tote Kinder und

Frauen, Alte. Kollateralschäden eben. So seitlich, neben-her …

Pfui Teufel!

Jetzt P.S.!

Erstmals nach 1945 waren wieder Deutsche beteiligt, und alles geschah ohne UNO-Mandat.

Nochmals: Pfui Teufel!

Schande

Ich will es sanft angehen, schlendernd durch die Straßen. Vorbei an Lebensmittelläden mit allem Drumherum und Dazu, heute Discounter genannt, weiter, und da und dort ein Blick in Schaufenster. Prallgefüllte, meist überfüllte Tische, Theken, Fleisch, Würste, Brote in verschiedensten Angeboten, prima anzuschauen, Brötchen, Kuchen, Torten, manche mit mächtigen Sahnehauben, und, und, und ... Überfluss! Überschwemmungen mit Kalorien, Locken mit Raffinesse. Wie leben wir? So leben wir!

Jedenfalls diejenigen der Gesellschaft, die das notwendige Kleingeld besitzen, die sich das alles leisten können, wenn sie wollen. Eine satte Welt. Dabei allerdings auch schon schlimm, dass sich manche Kinder die Nase am Schaufenster platt drücken. Unser Reichtum bröckelt. Dennoch gehen, schlendern, flanieren die meisten durch diese satte, fette Welt.

Wer von denen nimmt zur Kenntnis, was Studien belegen: Fast jeder fünfte Deutsche lebt in oder an der Armutsgrenze. Ein Armutszeugnis für unsere Gesellschaft, die im Weltmaßstab immer noch zu den allerreichsten der Welt gehört. Dabei ist die Zahl der Einkommensarmen (Fachausdruck!) bei uns inzwischen auf fast 20 Prozent gestiegen. Das sind etwa 15 Millionen. Zum Vergleich: Unsere 10 Prozent Reichen, die bereits über 60 Prozent deutschen Gesamtvermögens besitzen, werden immer reicher ...

Beim Blick über deutsche Garten- und Sperrzäune hinweg kann es, muss es einem aber schon ziemlich bange werden. Die Weltbevölkerung wuchs mittlerweile auf 6,5 Milliarden Menschen. Zuverlässige Quellen melden: 850 Millionen sind unterernährt. Dabei könnte die komplette Welt-Landwirtschaft – funktionierte sie denn! – sogar 12 Milliarden mit täglich 2700 Kalorien satt machen ...

Es ist die ungerechte Verteilung, die viele hungern und sterben lässt. Ja, man kann es drehen und wenden, wie man gern will, die Übersatten und Reichen verantworten das Sterben von Kindern, von Armen und Hungernden. Unsere Welt 2009.

Hungrige, elendig lebende Afrikaner verlassen täglich ihre Heimatländer. Ich erinnere: Rund eine Milliarde Menschen lebt in Afrika, Millionen vegetieren. Experten sagen, das sind 200 bis 300 Millionen. Reicht unser Mitfühlen- und Mitverstehenwollen überhaupt aus, um das zu begreifen? Erreichen Flüchtlinge das »rettende Europa«, beginnt fast immer neue Erniedrigung, neuer täglicher Kampf ums Dasein. Noch zur Erklärung: Zu Hause in Afrika schinden sich Männer, Frauen, Kinder – Kinder tagtäglich 12 bis 15 Stunden – und erreichen trotzdem kein Mindesteinkommen. Gegen ihre einheimischen Produkte schicken Portugal, Italien, Spanien, Frankreich ... ihre Produkte ins Land und das zum halben oder Drittelpreis. So schließt sich der Kreis. Ohne Chance für Afrika.

Jean Ziegler, ein Sonderberichterstatter der UNO und Soziologie-Professor an den Universitäten Genf und Paris, kommentierte das in seinem Buch »Das Imperium der Schande«. Er bezeichnet den so erzeugten Hunger als »Massenvernichtungswaffe«. 122 der etwa 200 Länder der Welt zählen zur südlichen Hemisphäre. Deren Auslandsschuld beträgt mittlerweile ca. 2100 Milliarden Dollar! Verdient ein Dritte-Welt-Land überhaupt noch durch Exporte, bezahlen sie damit nur die

Zinsen ihrer Schulden. Ein Teufelskreis. Wie lange dreht der sich noch?

UN-Generalsekretär Ban Ki-mun wollte »2008 zum Jahr der unteren Milliarden« machen. Nach Expertenkenntnissen sind das »Habenichtse der Globalisierung«, die ihr Dasein mit weniger als einem Dollar pro Tag fristen müssen. Ban wollte … Vorgänger Kofi Annan hatte schon erkannt: »Wer weniger als einen Dollar zum Leben hat, kann sich schon bei geringsten Preisschüben kaum noch ernähren.« Und die Weltbank warnte noch vor der jetzigen schweren Krise: Der Hunger drückt weitere 100 Millionen in den armen Ländern noch tiefer ins Elend.

Wohin führt das die Welt?

Diemisches

Etwa »Carpe diem«, nutze den Tag, frei nach Horaz?

Ich denke nach über Carl Diem. Ein Menschenleben. Bruchstück deutscher Geschichte, speziell deutscher Sportgeschichte. Diem war eine herausragende Persönlichkeit. Seine Überzeugungen, sein Handeln bündeln in einem wertvollen Menschenbeispiel – auch als Beispiel, wie sich Geschichte, Lebensgeschichten interpretieren und bewerten lassen.

Bevor ich mich äußere, hier exakte Fakten, die ich dem »Personen Lexikon« entleihe, das 1998 im S. Fischer Verlag Frankfurt am Main erschien:

»Diem, Carl, Sportfunktionär und Sportwissenschaftler, geb. 1882 in Würzburg, gest. 1962 in Köln, journalist. und schriftstellerische Tätigkeit seit 1901, Frontoffizier im 1. Weltkrieg, 1917 bis 1933 Generalsekretär des Deutschen Reichsausschusses für Leibesübungen in Berlin. Als Konservativer u. wegen internationaler Bindungen im Mai 1933 an d. Hochschule f. Leibesübungen entlassen, Mitarbeit im neugegründeten nat.soz. Reichsbund f. Leibesübungen Generalsekretär des Organisationskomitees für d. Olympischen Spiele von 1936 in Berlin u. Garmisch, 1938–1945 Direktor des Internationalen Olympischen Instituts, 1939 Leiter der Auslandsabteilung des NS-Reichsbundes f. Leibesübungen u. kommissar. Führer von dessen Gau Ausland. Seit 1945 Dozent an der von ihm mitbegründeten Dt. Sporthochschule in Köln, 1947–1962 deren Rektor, 1950–1953 Sportreferent im Bundesinnenministerium.«

Es heißt noch im Lexikon: »Er trat, geleitet von einem soldatisch bestimmten Menschen- u. einem antidemokratischen Gesellschaftsbild, trotz Kenntnis und innerer Ablehnung der inhumanen Natur des NS, bereitwillig in dessen Dienst.«

Soweit Lexikalisches.

Um meine Gedanken zu verstehen, muss ich einige Fakten meines Lebens anfügen: Bis zur Einberufung zum Arbeitsdienst im Herbst 1944 (dann zum Kriegsdienst mit anschließender Gefangenschaft bis Sommer 1946) war ich begeisterter Leichtathlet. Mit 16 »rollte« ich über 1,68 m. Ich galt als Hochsprungtalent und wollte mal 2 Meter schaffen. Deutscher Rekord waren damals die 2 Meter von Weinkötz, die dann noch Nacke am 28.8.1944 mit 2,01 m übertraf. Einmal erhielt ich die Einladung zum Trainingslehrgang an der Deutschen Hochschule für Leibesübungen in Berlin. Dort trainierte ich bei den Trainerassen Schelenz und Rüßmann. Höhepunkt meiner »Karriere« – 1944.

Darüber hinaus lernte ich in diesen für mich dramatischen Jahren den vormilitärischen Pimpfendrill kennen, alles nach der Erziehungsparole »Seid flink wie die Windhunde, zäh wie Leder, hart wie Krupp-Stahl«.

Wie weit bei alledem Diems Haltungs- und Erziehungsgedanken eine Rolle spielten, kann ich nicht beurteilen. Deshalb möchte ich allen heutigen Sport- und Geschichtsstudenten ans Herz legen, sich für diese Epoche unserer Geschichte und deren führende Wissenschaftler zu interessieren. Jedem nach seinem Wissen – sein Urteil. Bitte!

Mich bewegt in diesem ganzen Zusammenhang mit dem stets Wiederkehrenden »Nichts unter die Tische kehren, nichts verdrängen, nichts vergessen«, wie der

Diem-Komplex und alles damit Verbundene heute gelehrt wird.

Doch, habt Acht!

Da zunehmend ringsherum verstärkt Kriegerisches Menschen tötet, was Ängste schürt, die bis in jedes Familiäre drängen, will ich unserem Enkelsohn noch hinterlassen, was mich als »teutschen Jüngling« begeistern sollte ... Diemsche Signale! Ideale!

»Nehmen wir als Beispiel nur die Neuordnung des Lebens in Deutschland. Wieviel von dem, das heute deutsche Weltanschauung und deutsche Kraft ausmacht, ist ein Erbgut des alten Sparta ...«, um dann Sparta-Dichter Tyrtaios einzubeziehen: »Schön ist der Tod, wenn der Krieger im vordersten Treffen für das Vaterland ficht und für das Vaterland stirbt. Der Krieger dringt mit gewaltigem Schritt in den Feind, mit gebissener Lippe, steht dann im Kampf, fest wie die Eiche der Fuß, mächtige Taten der Schlacht er vollbringt.«

Diem unterstrich immer wieder, solche Kraft, solche Opferbereitschaft zeuge Erziehung durch den Sport. Deshalb ist es nur diemisch-logisch, mit welcher Begeisterung er die Nazi-Siege feierte, beispielsweise 1940 den Frankreich-Feldzug. »Sturmlauf durch Frankreich! Wie schlägt uns alten Soldaten, die wir nicht mehr dabei sein können, das Herz, wie haben wir mit atemloser Spannung und steigender Bewunderung diesen Sturmlauf, diesen Siegeslauf verfolgt! Die friedliche Begeisterung, die wir in friedlichen Zeiten bei einem kühnen kämpferischen sportlichen Wettkampf empfangen, ist in die Höhenlage des kriegerischen Ernstes aufgestiegen.« Und weiter: »Das ist ein Symbol für das junge Geschlecht. Olympiasieger und Held im ernsten Kampf zugleich, Sportbegeisterte Soldaten, sportbegeisterte Offiziere, sportbegeisterte Führer! – So kam es zum Sturmlauf durch Polen, Norwegen, Holland, Belgien und Frankreich, zum Siegeslauf in ein besseres Europa!«

Das alles und viel mehr ist Diem, der bereits 1935 begann, den »Opfertod fürs Vaterland« zu glorifizieren. Wäre nicht endlich im Mai 1945 die endgültige Kapitulation erfolgt, wäre noch ein paar Monate länger Diemscher Opfertod gefordert, wären wir an der Reihe gewesen …

Wieder: Was wäre, wenn …?

So konnte ich Sportreporter im Frieden werden; für den Frieden durch Sport, mit Sport werben. Eine wunderbare, dankbare Aufgabe. Und dabei guckte ich seit 1950 auch immer wieder nach Bonn, wo inzwischen der Opfertod-Pathetiker als erster westdeutscher Nachkriegsverantwortlicher für Sport den für ihn reservierten Sessel im bundesdeutschen Innenministerium einnahm …

Vergessen?

Super-Waldemar?

Dieser 1. August 1980 in Moskau bleibt für mich unvergessen, unvergesslich. Vielleicht geht es Tausenden Augen- und Ohrenzeugen ähnlich. Waldemar Cierpinski gewinnt nach Montreal 1976 zum zweiten Mal den Olympiamarathon und setzt neben Bikila Abebe, dem Äthiopier, ein Riesenbeispiel von Marathon-Welt- und -Olympiaklasse, machte, lief Olympiageschichte. Als Reporter dieser sporthistorischen Läufe danke ich ihm und freue mich, längst auch Waldemars Freund zu sein.

Überhaupt, lange Läufe. Innerhalb der Geschichte eine lange Geschichte für sich. Von 1952 beginnend, wuchsen die harten 42,195-km-Läufe zu meiner Reporter-Lieblingsstrecke. Alle seither zu kommentierenden Höhepunkte bei Olympia oder Weltmeisterschaften und vielen anderen populären Vergleichen erwiesen sich immer und immer wieder als doppelt dankbare Geschehnisse. Sie vermittelten alle nur möglichen Reportage-dramaturgischen Höhepunkte und schufen unvergängliche Bekanntschaften und Freundschaften mit den Marathon- und allen anderen Langlauf-Riesen jener Jahrzehnte.

Nur einige Namen, die zugleich für noch viele andere stehen: Ganz, ganz vorn präsidiert Emil Zatopek. Ja, ein Sänger oder Musikfreund könnte hier als Beispiel erläutern: Als ich erstmals Caruso hörte oder die Callas, da war es mit mir geschehen; fortan klebte ich an gesungener Kunst … Einverstanden. Mein Caruso war Emil. Seine Rennen und drei Siege von 1952 in Helsinki lieferten mir zum ersten Mal den Beweis des „hohen C", des Langläufer-C. Dass dem dann viele freundschaftliche Treffen in Prag oder Berlin folgten, machte mich noch glücklicher und reicher.

Aber auch Männer, Könner wie Lasse Viren, Ron Clarke, Pjotr Bolotnikow oder Emiel Puttemans werde ich nie vergessen, weil sie ebenfalls zu den ganz Großen zählen. Und, jawohl, unsere deutschen Spitzenläufer von Herbert Schade, dem Solinger, den ich auch schon in Helsinki traf, über Hans Grodotzki, dem zweifachen Rom-Silbergewinner von 1960, Ulrike Bruns, Kathrin Ullrich, Uta Pippig, Jörg Peter, Stephan Freigang, Werner Schildhauer, Hansjörg Kunze, Wolf-Dieter Poschmann, Jürgen Haase und, und … – allen danke!

Noch in Helsinki 1952 machte mich zudem glücklich, die Riesen der »Urzeit«, Hannes Kolehmainen und Paavo Nurmi, getroffen zu haben. Kurzum, jedoch mit langem Erzähler-Atem: langes Laufen gehört zu meinem Leben. Hundertprozentig zu meinem Reporterleben. Als Alltags-Oertel gehörte ich lange Zeit zu den Laufmuffeln. In der Schule war ich schwach und ein 3000-Meter-Zwangslauf wurde das Allerlängste. Beim Barras verbuchte ich jedes Laufenmüssen als Strafe. Später dann, als ich langsam Mensch wurde und mir eine Körpergewichtswaage leistete, erkannte ich freizeitliches Laufen als Überlebenschance. Und ich lief, solange die Knochen mitmachten …

Heute verfolge ich alles aus der Ferne. Dabei immer noch mit starker Sympathie. Als ich dabei jetzt, im Mai 2009, aus der Heimatstadt Cottbus erfuhr, dort rennt ein »Verrückter« verrückteste Distanzen, wurde ich hellwach und erkundigte mich …

Der junge Mann heißt Marcel Heinig, ist Cottbuser, 27 Jahre alt und Ingenieur-Student an der dortigen Technischen Universität. Das alles schon machte mich

neugierig, noch Detaillierteres zu erfragen. Dort nämlich, wo erst in den neudeutschen Jahren diese Universität gebaut und eingerichtet wurde und nun viele stu-
dierfreudige und meist glückliche Neu-Cottbuser aus
vielen Ecken der Welt empfängt, wuchs ich auf. Das
war mein Kiez. Damals, erste Hälfte der Dreißiger des
letzten Jahrhunderts, standen dort Schrebergärten, einer
gehörte meinem Großvater Max Bombeck. Später, in
den 50er und 60er DDR-Jahren, entstand ein Fußball-
stadion für den ASK Vorwärts Cottbus. Ich bolzte noch
mit Gleichalten gegen Fabriktore und wir kloppten und
stritten uns. Nochmals: Das passierte keine 50 Meter
von der jetzigen Uni mit dem Studenten Marcel Heinig entfernt. Das verbindet, auch wenn wir uns – bis
jetzt – überhaupt nicht kennen.

Dieser Marcel muss ein lebendes Perpetuum mobile,
»etwas ständig Bewegliches« sein. Im Läuferdeutsch: ein
Super-Super-Freizeitläufer. In diesem Frühsommer 2009
rannte er schon die 4500 Kilometer des Europalaufes
vom italienischen Bari bis zum Nordkap. Nur insgesamt
68 Starter meldeten. Die Mutigsten der Mutigen. Für
Marcel: etwas Schweres, aber na ja … Gewöhnlich rennt
er jede Woche, Studienwoche also, 25 Kilometer, sozusagen zum Warmbleiben. Seine »Rekorde« indes: Als
weltweit (!) jüngster Matador schaffte er 100-mal – ein-
hundert Mal! – die 42,195 Marathon-Kilometer innerhalb von zwei Jahren. Heinig läuft da und dort 100-
Kilometer-Rennen und avancierte 2008 in Mexiko zum
»Weltmeister im Zehnfach-Triathlon«. Das bedeutet: Er
schwamm 38 Kilometer, fuhr 1800 Kilometer Rad und
lief 422 Kilometer, und das alles binnen 206 Stunden!

Verrückt?

Pfui Teufel?

Bravo?

Vor allem: warum?

Marcel erklärt, dass er mal ein Dickerchen war und zu Abiturzeiten bis zu 120 Kilo wog. Beim Eingangstest zur Bundeswehr landete er unter 100 Kandidaten auf Platz 100. Das spornte an, was zu tun, und er quälte sich 40 Kilo ab. Seither läuft er. Und erklärt: »Gegner sind nie andere Läufer, sondern immer nur die Strecke!« Nie gewinnt er Preise oder kassiert Geld. »Sich selbst bezwingen, das ist es ...«

Warum ich darüber schreibe? Weil es mir imponiert, weil es ein junger Mann aus meiner Heimat ist, wo ich Knirps und sonst nichts war. Und weil ich mich später – siehe oben – ebenfalls für langes Laufen engagierte. Für das ohne Preise, Medaillen, Geld.

Neben vielem anderen: Beim alten Berliner Rundfunk initiierten wir den Berliner Neujahrslauf. Ein Familienereignis für jedermann. Seit 1972, einem Olympiajahr. Und, Wichtigstes, Glücklichstes: Der Neujahrslauf überlebte alles Deutsch-Deutsche. Seit 1990 wird er gar am Brandenburger Tor gestartet und führt über »die Linden« und zurück. Ein Lauf ohne alles. Keine Startgelder, keine Preise, keine Stoppuhren. Nur laufende Menschen. Immerhin nach einer Silvesternacht. Tausende. Alljährlich seit 1972.

Bravo für Horst Milde, seinen Sohn und seine Familie und seine früheren und jetzigen Mitstreiter, die auch den weltberühmten und Weltrekord-Berlin-Marathon im September organisieren.

Bravo!

Auch, weil sie ein Beispiel schenken, wie Deutsches tatsächlich zusammengeführt werden und zusammenwachsen kann.

Chattanooga Choo-Choo

Nein, nein, bitte nicht verzweifeln! Ich kläre gleich auf. Meine Erinnerungen zuckeln jetzt wie eine alte, schnaufende Dampflok runde 60 Jahre zurück. Jeder weiß, nicht alles Erlebte überlebt auch in unserem Kopf-Archiv. Doch die folgende Geschichte ging mir nie verloren. Aus vielerlei Gründen.

Alles, was nach den verfluchten Kriegsjahren geschah, hat einen festen Platz. Besonders das Zuhause. 1947/48, also noch vor meiner Radio-Zeit.

Vorm alten elterlichen Radio hockte ich oft Sonntagsvormittag, wenn der Berliner Rundfunk aus dem Großen Sendesaal seine RBT-Livekonzerte übertrug. Dabei wurde ich Fan Bully Buhlans. Der war der Sängerstar der Truppe. Klasse! Ich kannte alle seine Titel und speziell begeisterte mich der Chattanooga Choo-Choo. Ich konnte den Text auswendig, und die erste Strophe im Original:

> Pardon, my boy
> Is that the Chattanooga Choo-Choo
> Track twenty nine,
> Boy, you can give me a shine,
> I can afford
> To board a Chattanooga Choo-Choo
> I've got my fare
> And just a triffle to spare.

Ich muss hierzu noch bemerken: Alle drei Strophen hatte ein Mr. Mack Gordon getextet. Bully Buhlan, der das unbedingt nachsingen wollte, kümmerte sich um eine deutsche Übersetzung, die ihm sogar vier Strophen verpasste. Den Autor konnte ich leider nicht ermitteln:

Kötzschenbroda-Express

Verzeihn Sie, mein Herr,
Fährt dieser Zug nach Kötzschenbroda?
Er schafft's vielleicht,
Wenn's mit der Kohle noch reicht.
Ist hier noch Platz,
In diesem Zug nach Kötzschenbroda?
Das ist nicht schwer,
Wer nicht mehr stehn kann, liegt quer.

Ja, für Geübte ist das Reisen heute gar kein Problem,
Auf dem Puffer oder Trittbrett steht man bequem.
Und dich trifft kein Fußtritt,
Fährst du auf dem Dach mit,
Obendrein bekommst du dort noch frische Luft mit!

Morgens fährt der Zug an Papestraße vorbei,
Mittags ist die Fahrt nach Halensee noch nicht frei.
Nachts in Wusterhausen
Lässt du dich entlausen
Und verlierst die Koffer auch noch leider dabei.

So fährt man heut
Von Groß-Berlin nach Kötzschenbroda
Und dann und wann
Kommt man auch wirklich dort an.

Nun stehn wir da,
Der schöne Traum vom Reisen ist jetzt aus.
Glück auf nach Kötzschenbroda!
– Aber ich bleib zu Haus.

Klasse! Ich bin heute noch so begeistert wie damals!

Und nun erst und endlich ein Extra-Bravo dem Komponisten. Groß- und Altmeister Glenn Miller schuf diesen Swing-Hit 1940, und das brachte ihm auch die allererste jemals vergebene Goldene Schallplatte. Mithin, so besitzt der Chattanooga Choo-Choo auch einen gewissen musikhistorischen Wert.

Neuzeitig fiel mir das alles wieder ein, weil ich auch Bahnbenutzer bin. Seitdem es bei der Deutschen Bahn aber immer teurer wurde und dazu viele Deutsche-Bahn-Qualitäten immer schlechter, steigt auch mein Zorn. Vieles, was einem widerfährt, erinnert an Kötzschenbroda-Express-Zeiten.

Ärgerlich – zu vorsichtige Wortwahl? – ist dieses dreiste Geldschinden mit den Preisen, Extrapreisen, Zusatzpreisen. Wer von uns kann sich das privat – nicht als Dienstreisender! – überhaupt noch leisten? Mit Frau und zwei Kindern von hier zum Bodensee oder in die Alpen? Zu zahlreichen anderen, kleineren Zielen gibt es überhaupt keine DB-Verbindungen mehr. Etwa zu doofe Frage: Müssten nicht auch die Regierenden dafür sorgen, dass Bahnfahrten erschwinglich bleiben?

Und dann die Qualität. Gar keine Frage, die ICE-Züge und -Verbindungen sind klasse. Und da nicht nur die 1. Klasse … Diese Flitzer steuern jedoch nur die wichtigsten Großstädte an. Für die Deutsche Bahn zählen Rostock, Schwerin, Chemnitz, Neubrandenburg … schon lange nicht mehr dazu. Regionalzüge, oft überfüllt, nicht immer gepflegt, machen den dazu bestimmten Reisenden sauer.

Ganz sauer wird man als Cottbuser. Immerhin war das auch mal Bezirkshauptstadt, hatte über 130000 Einwohner, Energiezentrum … Heute? Ich brauche längere Fahrzeit als vor 60 Jahren. Zudem, zu meiner Kindheit, also 80 Jahre zurück, existierten D-Zug-Strecken. Direktverbindungen Berlin–Cottbus–Görlitz–Breslau ...

Nur ein Beispiel.

Und dann: Personal! Ich grüße und danke allen Lokführern, Zugbegleitern, Streckenbegleitern von früher, die erstklassige Arbeit schenkten. Auch den Heutigen Respekt, Respekt unter schwierigen Bedingungen! Schwierig? Was ist schwierig, höre ich von Verantwortlichen ... Schwierig, viel schwieriger ist alles schon deshalb, weil es ständiges Reduzieren des Personals gibt. Speziell in Abendzügen auf Nicht-Hauptstrecken steigt oft die Angst. Wenn was passiert, an wen kann man sich wenden? Wo ist die Notbremse, wenn's ernst wird?

Schließlich die Bahnhöfe. Oft eine Katastrophe! Nein, nein, Damen und Herren Verantwortliche, gemeint sind nicht die in Hamburg, München, Frankfurt/Main ... Bitte, lassen Sie uns einmal gemeinsam und besonders abends Regionalstrecken testen – bitte! Geisterbahnhöfe, kein Mensch weit und breit. Keine Wartesäle mehr. Geöffnete kleine Restaurants (ja, gehört sicherlich nicht in DB-Verantwortung) – nichts. Und teils Verwahrlosung. Schlimm, ganz schlimm, was einem da und dort begegnet.

Winziges Detailerlebnis: Ich stand – noch nicht lange her – mit einem republikweit bekannten Politiker eine Stunde vor Mitternacht auf einem Bahnsteig. Nicht auf einem Dorfbahnsteig oder in einer Kleinstadt. Nein. In einem gleichfalls bekannten und gepflegten Kurort. Kein Mensch, so weit das Auge reichte. Keine ansprechbaren DB-Menschen. Totenstille. Nirgendwo etwas zum Aufwärmen, Warten ... Bis eine Geisterstimme aus knarrendem Lautsprecher erschreckte: »Der Zug aus

Sowieso hat ca. 15 Minuten Verspätung ...« Mein Polit-Bahnsteigpartner schien ziemlich baff.

Mir schwant, hier liegen ganz andere Verspätungen vor.

Dies alles jetzt mit Kötzschenbroda-Reisen von 1948 gleichzusetzen, würde jeden damals Zuständigen beleidigen. Und außerdem – auch Kötzschenbroda hat es nicht verdient, in irgendeiner Weise negativ bedacht zu werden. Im Gegenteil! Jedem ist die Idylle bei Dresden, nahe Coswig, sehr zu empfehlen.

Schluss damit; ich will auch nicht länger über die erwähnte »Tour de Blamage« anno 2009 polemisieren. Die folgende Erinnerung muss ich aber unbedingt noch loswerden. Ein Unverwüstlicher, die alte, von vielen zu Recht verehrte Barden-»Dampflok« Udo Lindenberg, stieg noch zu DDR-Zeiten auf den Chattanooga Choo-Choo bzw. Kötzschenbroda-Express, in dem er Glenn Millers Hit als »Sonderzug nach Pankow« auf die Reise brachte ...

Wer verletzt Artikel 21?

Die Parteien!

Wichtigster Satz des Grundgesetzartikels 21 ist der erste: »Die Parteien wirken bei der politischen Willensbildung des Volkes mit.« Achtung – bitte genau interpretieren: … wirken mit! Wie aber spielen sich die Parteien auf? Ich meine Parteien, deutsche Parteien aller Couleur. Sie mengen, mischen sich, drängeln in nahezu alles Gesellschaftliche, Wirtschaftliche, Kulturelle … Und das noch oft mit dümmlicher Penetranz.

Mir begegnete es in dem Lebensbereich, der mich über fünfzig Jahre fesselte. Das im besten Sinne des Wortes! Radio, Fernsehen, Sport … Ganz besonders viel lernte ich noch in den letzten 20 Jahren hinzu. Naiv vermutete ich anfangs, wie mit mir sicherlich viele Neubundesbürger, es gehe nun vernünftiger, sachlicher, korrekter zu. Das heißt: Nur die Leistung entscheidet! Können und Wissen gehen vor Parteibuch!

Ich Narr!

Batzen von Verletzungen des Grundgesetzes flankieren den neuen Weg. Jetzt, im Frühling 2009, da ich das schreibe, nur ein aktuelles Beispiel. Es geht um die Vertragsverlängerung für ZDF-Chefredakteur Brender. Kundige bezeichnen ihn als guten Journalisten und fähigen Leiter. Doch als Erste stehlen sich Politiker durchs Gebüsch, um querzuschießen. Als Munition gilt ihnen das persönliche Parteibuch, als Ziel der – vermutlich – Andersdenkende. Ein Beispiel von vielen. Immer wieder.

Wir, gewesene Angestellte in Rundfunk, und Fernsehen der DDR, wissen, was politische Macht und Einmischen bedeuten. Gerade deshalb betonen wir: An die

Spitze aller Sender und Programme, an die Spitzen aller Abteilungen und Redaktionen gehören ausschließlich – jawohl! – die bestmöglichen Fachleute. Aber, wer beweist mir Lernwilligem, da oder dort zwischen Flensburg und Ingolstadt, bei Öffentlich-Rechtlichen und auch Privaten, wo wird nach dieser Grundregel der Demokratie und nach dem Grundgesetz verfahren?

Pfui Teufel!

Sachkundige Experten erklären dazu auch, dass unser Grundgesetz zwar eine Parteiendemokratie wünscht, aber keinen Parteienstaat. Erich Kaufmann, ein angesehener Jurist, kommentierte bereits 1951. Und da schien die neue Welt noch himmelblau: Generell sind die Parteien nicht vom Grundgesetz zur Mitwirkung politischer Willensbildung berufen, sondern »nur in einem Organ, das dazu berufen ist, also im Parlament und in Regierungen«!

Diese Politik- und Grundgesetzkundigen weisen energisch darauf hin, nirgendwo sonst hat eine Parteibuchfarbe etwas zu bewirken. Nicht in Banken, Krankenhäusern, Schulen, Theatern, Funkhäusern …!

Schließlich kommentieren Fachleute auch: Rechtlich sind Parteien nichts anderes als Vereine. Doch längst entwickeln sie sich zum »Staat im Staate« – und sehen dabei oft kläglich aus.

Nie werde ich eine »staatspolitische Nachhilfestunde« vergessen. Es ist schon länger her, da fragte ich »gestandene« Bundespolitikkundige: »Wieso kann eigentlich eine Apothekerin Außenminister werden …?« Antwort: »Das spielt überhaupt keine Rolle, entscheidend ist der Parteienproporz, und wenn er für die betreffende Partei den Posten des Außenministers vorsieht, liegt es ausschließlich bei der Partei, das Amt zu besetzen …

Außerdem: Die praktische Politik machen in jedem Amt Staatssekretäre und die Bürokratie ...«

Peng!

Nachfrage: Wie sieht es in der jetzigen Regierung aus?

Ich halte mich an Expertenrat. Alles ist zu tun, damit Parteien nicht weiter »Staat im Staate« werden, den Staat als ihre »Beute« nehmen. Die Bürgergesellschaft hat heftigsten Widerstand zu leisten.

Noch ein spätes Nachwort aus dem Brockhaus von 1894, schon vergilbt: »Partei kommt vom lat. pars = Teil. Auf politischem Gebiet eine durch gleiche Zwecke oder Interessen verbundene Anzahl von Menschen. Eine Partei, die nur das persönliche Interesse ihrer Mitglieder im Auge hat, nennt man Clique.«

Und was ist Clique?

»... eine durch gemeinsame egoistische Interessen verbundene Gruppe, Sippenschaft, Klüngel ...«

Das ist von anno Tobak? Denkste. Ganz von heute.

Wer es nicht wahrnimmt, der ist von gestern.

Noch etwas: Wir waren, sind als gewesene Staatsdiener verschrien. Weil es der falsche Staat war. Nun frage ich noch mal 2009, jubiläumsgemäß, weil wir nichts verdrängen und vergessen sollen und wollen, wie ist zu erklären, dass nach dem Nazi-Rundfunk Hunderte von Nazirundfunkmitarbeitern mit offenen Armen beim neuen BRD-Rundfunk aufgenommen wurden, NDSAP-Mitglieder, SA- und SS-Leute ...?

Es sind noch Fragen offen.

Und noch viel mehr Antworten.

Vielleicht erreichen sie uns jetzt.

Missliches

Um gar nicht erst lange wie die Katze um den heißen Brei zu schleichen: Es geht – wieder einmal – um das Politikerformat, hier gemessen an einem formidablen Senkrechtstarter mit – wahrscheinlich – ebenso riesigen Zukunftschancen. Sollte er sich weiter so überragend entwickeln, ist vor ihm kein politisches Amt sicher. Was sicherlich dann ringsherum nicht nur Freude verbreiten dürfte. Jener Tausendsassa, schon so hoch gestiegen, heißt Philipp Mißfelder; jetzt, 2009 im August, 30 Jahre alt.

Bevor ich ihm meine journalistische Aufwartung mache, noch etwas Politiker-Allgemeines, was dann auch der Mißfelder-Fangemeinde genügend Stoff liefert, um mich als Politiknaivling zu kennzeichnen, der eben von tatsächlichen Politikertugenden keinen blassen Schimmer hat.

Kluge vor uns postulierten, Politik sei Wissenschaft. Demnach sind also Politiker Wissenschaftler – oder? Wissenschaftler sind Menschen, die sich Wissen, möglichst viel, (an)schafften. Oder? Und – wenn ich mich auch hierbei meinem bevorzugten Feld europäischer Kultur- und Politikentwicklung, also den alten Griechen zuwende, stoße ich, wie so oft, auf ein ganzes Bündel Politiker-Anforderungen. Ohne das jetzt gänzlich zu entbündeln, von Ehrlichkeit, Wahrhaftigem, Bescheidenem, Beredsamem, also Rhetorik – will ich nur noch eine Geschichtsepoche weiterblickend auf das dann Christliche hinweisen.

Herr Mißfelder, lieben Sie Ihren Nächsten wie sich selbst? (3. Mose 19, 18)

War das dann gut von Ihnen, Überachtzigjährigen

wieder die Krücken zu empfehlen, statt teure Hüftprothesen? Sehr geehrter Herr Bundestagsabgeordneter, ich zähle zu den so Belehrten, hatte neben einem Dutzend anderer OP's auch zweimal das Hüftgelenk auswechseln lassen … Gott sei Dank. Das nahm Schmerzen weg, die ich Ihnen nie wünsche, oder wollten Sie dann freiwillig zur Krückenlösung greifen?

Nun, im tollen Jubiläumsjahr, meldeten Sie sich wieder mit – bestimmt gutgemeinter – Kritik zu Wort. Sie richteten Ihren wissenschaftlich-moralisch-politischen Hinweis an die ca. 12 Millionen Männer, Frauen, Kinder, die in den letzten Jahren in unserer »immer noch reichen« Gesellschaft auf Hartz-IV-Almosen angewiesen waren, angewiesen sind. Das sind ziemlich unfreundliche Worte! Sie unterstellten mindestens einem Teil Betroffener, dies würde nur »deren Tabak- und Alkoholbedarf verbessern« … So war es doch? Oder, wieder oder …?

Hartz IV! Pfui allein schon dieser Kennzeichnung, und Pfui Ihnen für dererlei unchristliche Bemerkungen. Das Schicksal mag solchen Politikern ähnliche Lebensbedrohungen vorenthalten. Indes, für manchen, der zumal daran mit Verantwortung trägt, wäre es vielleicht ganz nützlich, mal ein halbes Jahr »Hartzerist« zu sein.

So viel zu Gewesenem.

Nun besteht jedoch die große Möglichkeit, Politiker von Mißfelder-Qualitäten könnten uns noch weitere ähnliche Beispiele ihrer Qualifikation bescheren. Wie warne ich meine Enkel, Urenkel? Schon jetzt leben 600 000 Mütter und eine Million Kinder als Hartz-IV-Abhängige. Wie werden die weiter ins Leben finden? Wer hilft ihnen? Wie?

Philipp Mißfelder hatte vermutlich immer treue Helfer auf seiner sonnenbeschienenen Lebensstrecke. 30 Jahre ohne Hartz IV, stets mit parteifreundlichem Rückenwind.

Unter den vielen Sportlern, da und dort in der Welt, lernte ich unterschiedlichste Karrieren kennen. Das ist normal. Hut ab, besonders vor denen, die härteste Rückschläge überwanden und trotz alledem Meister, Lebensmeister wurden. Natürlich, es gab auch Senkrechtstarter. Und die glänzen, dann und wann, ebenso in fast allen anderen Lebensbereichen. In der deutschen Parteienlandschaft, so wurde mir erklärt, ist es aber besonders schwer, von unten nach oben zu gelangen. Dazu gehört neben politischem Wissen und Können und Kungelkunst und Protektion auch noch Glück.

Unser Hartz-IV- und Hüftgelenksfachmann muss allerdings schon Hunderte Male die Sechs gewürfelt haben, anders lässt sich folgendes Sensationelle nicht erklären:

Er wurde mit 14 Jahren Jungmitglied seiner Partei,
mit 16 trat er ihr voll bei,
mit 20 war er schon Mitglied des Bundesvorstands,
mit 26 Mitglied des Deutschen Bundestags,
mit 29 Präsidiumsmitglied seiner Partei!

Donnerwetter! Ich glaube, das nennt man immer noch Karriere. Was für eine! Wie geschaffen, das Leben von ca. 80 Millionen Menschen mitzusteuern, und das alles nach Abitur und Wehrdienst und Jurastudium – kurzum: aus dem vollen erlebten Leben heraus …

Ich bin baff.

Doch nun – Achtung! – nun wird's noch baffiger.

Deutschlands Politikersupertalent ist auch:

Bundesvorsitzender der Jungen Union Deutschlands,
Mitglied der Stiftung seiner Partei,

stellvertretendes Mitglied im Vorstand der Europäischen Volkspartei (EVP),

er leitet zudem gemeinsam mit dem Bundesvorsitzenden der Senioren seiner Partei den Initiativkreis »Zusammenhalt der Generationen«.

Und: Supermann ist noch Mitglied folgender Ausschüsse des Deutschen Bundestages:

ordentliches Mitglied im Ausschuss für Wirtschaft und Technologie,

ordentliches Mitglied im Auswärtigen Ausschuss,

ordentliches Mitglied im Unterausschuss Auswärtige Kultur- und Bildungspolitik,

stellvertretendes Mitglied im Ausschuss für Kultur und Medien,

stellvertretender Vorsitzender des Unterausschusses Neue Medien,

stellvertretendes Mitglied im Parlamentarischen Beirat für nachhaltige Entwicklung, Unterausschuss »Vereinte Nationen«.

Neben dem Mandat gibt es die entgeltliche Tätigkeit bei: teNeues Verlag GmbH & Co. KG, Kempen, und Funktionen in Körperschaften und Anstalten des öffentlichen Rechts und Funktionen in Vereinen, Verbänden und Stiftungen:

FFA – Filmförderungsanstalt Berlin, dabei stellv. Mitglied des Verwaltungsrates,

Bundesverband Deutscher Stiftungen e.V., Berlin,

Mitglied des Parlamentarischen Beirates,

NUMOV Nah- und Mittelost-Verein e.V. Berlin, Mitglied des Kuratoriums,

Stiftung Haus der Geschichte der Bundesrepublik Deutschland, Bonn, stellvertretendes Mitglied des Kuratoriums.

Puuuhhh …
… und jetzt kommt die Sensation:
Manchmal schläft er auch.

Fürstentümler

Unsere Geschichte ist reich. Reich an wechselvollstem Geschehen. An Interessantem, Merkwürdigem, Absonderlichem, Provinziellem. So regierten im Mittelalter da und dort auf deutschem Boden sieben, neun Reichsfürsten. Dabei hatten auch Dutzende von Grafen etwas zu sagen. Alle übten Macht aus. Kosteten Geld.

Nun sind wir mittlerweile weit weg vom Mittelalter, aber »Mittelalterliches« geschieht. Immer noch.

Die Bundesrepublik Deutschland besteht – nach Kriegsende mit verständlichem Wollen der Alliierten – als Föderation, als Bundesstaat. 16 einzelne Bundesstaaten, sechzehn!

Das Grundgesetz erläutert mit seinem Artikel 29 Staatsrechtliches. »Das Bundesgebiet kann neu gegliedert werden, um zu gewährleisten, dass die Länder nach Größe und Leistungsfähigkeit die ihnen obliegenden Aufgaben wirksam erfüllen können. Dabei sind die landsmannschaftliche Verbundenheit, die geschichtlichen und kulturellen Zusammenhänge, die wirtschaftliche Zweckmäßigkeit sowie die Erfordernisse der Raumordnung und der Landesplanung zu berücksichtigen.« Wollte man dies, wäre ein Volksentscheid nötige Voraussetzung.

Mal ehrlich, bitte: Wer kann sich das anno 2009 vorstellen?

Es ginge mehrheitlich ein Entrüstungssturm durch die Länder! Saarland – wohin? Bremen, Hamburg, mit wem, zu was? Bayern, mein Gott, käme denn da überhaupt noch anderes Deutsche in Frage? Also, ich will darüber überhaupt nicht weiter nachdenken. Schon so wackeln bei mir ängstlich Fensterscheiben. Ausdrücke

wie Kleinstaaterei, Fürstentümer zeugen Revolutionen
– oder?

Dabei, Spaß beiseite, dürfte ein gewisser sachlicher
Ernst nicht wenigstens kleine Überlegungen zulassen?

16 Länder, das bedeutet 16 Regierungen mit allen
üblichen Apparaten, Hierarchien, Bürokratien, Zigtau-
senden Schreibtischen, Stühlen, die Zigtausende um-
klammern, Gehaltsgefüge, Pensionsbestimmungen …
Aber auch mit 16 unterschiedlichen Volksbildungssyste-
men, von denen wohl jede fürstliche Landesregierung
überzeugt ist, das Allerbeste ausgedacht zu haben.

Klar lässt sich das alles als gewisser Reichtum, als kulturelle Vielfalt deklarieren. Doch ebenso muss gefragt
werden können, ob das nicht hemmt, behindert. Ich
lernte Retournierer kennen, die schnell mit Rohrstock
und Nachsitzen drohten, weil ich natürlich als Dikta-
turbeschädigter ohnehin kein Mitspracherecht besitze.
Seneca, der Weise, dürfte außer Verdacht stehen, und
ich darf ihn deshalb zitieren: »non vitae, sed scholea
discimus«, frei übersetzt: Leider lernen wir nicht fürs
Leben, sondern für die Schule … Hierzulande keimt
der Verdacht: für Bayern, Hessen … lernen wir, und
dann für Deutschland.

Mich wurmt noch das: Besitzt unser Land immer
noch ein so prall gefülltes Geldsäckel, dass wir uns zwei
Regierungssitze leisten können? Zu viel behauptet? Mit-
nichten. Acht der vierzehn Ministerien residieren in Berlin. Also sechs immer noch in Bonn. Seit 20 Jahren!
Das großzügige oder feige Berlin-Bonn-Gesetz regelt,
dass alle Ministerien zwei Regierungssitze haben dürfen.
Was heißt, wir treuen Steuerzahler können uns das leisten. Ich protestiere! Bonn – Berlin, Berlin – Bonn, wir
alle bezahlen diese dauerhafte Fliegerei oder Zugfahrten

der 1. Klasse. Jeder Normalo, der glücklicherweise da oder dort seinen Arbeitsplatz besitzt, muss auch aus eigener Tasche, mit eigenem Portmonee regeln, wie das aus der Familienkasse funktioniert.

Bleiben wir beim Bild des Spätkurfürstlichen: Die damaligen Pferdekutschen waren wenigstens billiger.

Sherlock Holmes und wir

Sehr verehrter Sir Arthur Conan Doyle,

Sie wurden vor 150 Jahren geboren, sind jetzt schon 79 Jahre tot und werden sich hoffentlich nicht im Grabe umdrehen. Sie erdachten die prima Krimifigur Sherlock Holmes, und ich war und bin immer noch ein ziemlich begeisterter Anhänger – die Deutschen sagen inzwischen »Fan« dazu – Ihrer Detektivgeschichten. Kein Verbrecher, auch nicht die dümmsten, kamen bei Ihnen ungeschoren davon. Sherlock Holmes und sein Klasse-Assi Mr. Watson schafften alle.

Thank you very much. Doch nun, anno 2009, bitte ich um Ihr Verständnis, und vielleicht können Sie mir vom Himmel aus von Wolke 7 nur mal kurz Zustimmung nicken. Ich will Ihren, unseren Holmes, den klügsten James Bond aller Zeiten, mit Gegenwärtigem, ja auch mit Heute-Holmes in Verbindung bringen. Pardon, Sir! Oh, Sie lächeln freundlich ... Dann nochmals: I'm thankful.

Entschuldigen muss ich mich aber noch bei einem echten Mr. Holmes. Er, Oliver Wendell Holmes, Amerikaner, war auch ein Dichter-Autor. Jetzt, im August 2009, feiern alle Verehrer dieses Mr. Holmes dessen 200. Geburtstag. Noch so viel zu ihm: Sherlocks Namensvorgänger studierte Jura und Medizin, arbeitete später als Professor in Paris, Edinburgh, Chicago und dann am Harvard College. So nebenbei schrieb er. Romane, Gedichte, Geschichten, und manches roch auch nach Krimi. Holmes hatte Erfolg.

Doch nun, und im Zusammenhang mit meiner Geschichte, ist es leider nicht auszumachen, ob der jüngere Doyle dann vom älteren Holmes den Namen mopste, um fantasievoll seinen Sherlock Holmes zu basteln …

Geschenkt. Geblieben ist für uns alle die Krimifigur als Meisterdetektiv. Und dieser Mister Master passt nun gut in meine Geschichte innerhalb der deutschen Geschichte mit ihren zigzig Krimihits.

Los geht's:

Detektive gab und gibt es immer. Sicher ist, schon vor rund 400 Jahren nutzten sie in spezieller Weise dem umtriebigen französischen Staatsmann Richelieu. Quer durch alle folgenden Zeiten (und bestimmt auch schon davor) nutzten sie allen Herrschern. Doch nicht nur denen. Geheimdienste gehörten dazu. Überall, rund um den Erdball. Und Spitzel. Korrekt? (Meine Fragen richten sich immer an die Fachleute, die mit Geheimdienstlichem, Detektivischem, Spitzelischem ihr Geld verdienen …) Korrekt? Übrigens, der Begriff Spitzel schaffte es bis in die offiziellen Lexika und bedeutet: »Jemand, der im Auftrag andere aushorcht oder auch heimlich auf andere aufpasst.« Ja, und das schuf das Verb »spitzeln«.

Jetzt versuche ich, Zusammenhänge zu begreifen, zu erkennen. (Au wei, schon wieder ein so verräterisches Wort …) Also: Spitzel sind Inoffizielle, Detektive sind Offizielle. Klar, Geheimdienste sind ganz Offizielle, korrekt? Anders ausgedrückt, aber wohl ebenso laienhaft: Die einen sind Profis, die anderen Amateure. (Verflixt, schon wieder so ein vertracktes Wort, denn ursprünglich bedeutete »Amateur« Liebhaber, erst später musste es dann auch für Nichtfachmann herhalten.) Aber weiter mit meinem amateurhaften Zusammenstümpern von eventuellen Zusammenhängen. Wenn ich das weiter entwickeln darf, dann sind hierbei Profis die Guten und Amateure die Miesen ... recht so? Doch nicht etwa umgekehrt? Oder gilt auch hier: Na ja, es gibt überall eben »sone und solche«?

Ja, ja, ja – das ist komplizierter Boden, auf dem ich mich zu bewegen versuche. Gebohnert, glitschig. Schnell bricht man sich die alten Knochen. Ich taste mich vorsichtig weiter voran. Vielleicht kommt Licht ins Dunkel. Also, die einen betreiben Gesetzliches, die anderen verbiegen sich bei Ungesetzlichem? Kann man auch sagen: hier Legales, da Illegales?

Hilfe! Juristen, Verfassungsschützer, werft Rettungsringe! Ich klammere mich an Beispiele. Telekom, Deutsche Bahn, was war, was ist? Ich las, »Zigtausende Mitarbeiter wurden ›bespitzelt‹.« Ist das richtig? War, ist dieses legal, illegal, was sonst? Als simpler Zeitgenosse folgere ich: Wenn es legal war, passiert nichts. Sollte es nicht legal sein, müsste doch allerhand passieren ...

Langsam habe ich die Nase voll.

Immer bleiben Fragen, nichts als Fragen.

Da ich nun schon so laienhaft detektivisch »herumspitzle«, will ich vor der eigenen Haustür kehren. Wer sagt mir ehrlich, wenn dieses alte Wort noch seinen alten Sinn besitzen sollte, wirklich ehrlich: Wird mein Telefon abgehört? Kümmern sich Profis oder bloß Amateure um mich? Was bin ich da wert? Gehören mir beim Verfassungsschutz Akten, oder wo bin ich sonst »notiert«? Oder wie sagt man fachchinesisch korrekt?

Ich hoffe auf Echo. 150 Jahre nach Holmes bei Doyle. Immerhin bewegte, bewege ich mich durch vier Abschnitte deutscher Geschichte, die doch bestimmt unterschiedlichste Geheimdienste arbeiten ließ – lässt. Und – in mir starb noch nicht das Naive –, eigentlich müssten doch die jüngsten 20 von über 80 Jahren die ruhigsten, detektiv- und spitzelfreundlichsten sein …

Manche sagen allerdings zu mir, wenn du weder da noch da »einsortiert«, »vermerkt«, »bemerkt« bist, bist du eine Ermittlungs-Niete oder zu gut Deutsch »eine Pfeife«.

Mann, Mann, Manometer …

Das Leben ist ein Krimi.

Ach so, ja, wenn ich das hier so alles schreibe, wird das nun irgendwo von irgendeinem registriert, zensiert, aktenfest gemacht? Auf keinen Fall bin ich doch subversiv, also umstürzlerisch, wenn ich so offen schreibe … Gern nähme ich in Kauf, wenn da welche urteilen: »So ein Spinner, der nimmt sich viel zu ernst, für uns ist der nicht mal Tinte wert …«

Danke, Hüter!

Und übrigens: Mir wird von alledem so dumm, als ginge mir ein Mühlrad im Kopf herum. Pssst! Nicht weitersagen. Ich habe das bei Goethe abgeschrieben, und jetzt petze ich noch: alte Reclam-Ausgabe, über 100 Jahre alt, fast doylisch, »Faust«, Teil 1, Seite 59, Mephisto-Schüler-Dialog … Klaro?

Eine Frage noch – man kommt eben bei diesem Thema vom Hundertsten ins Tausendste: Gab es damals, bei Goethe in Weimar und schon mehr als 150 Doyle-Jahre zurück, Geheimdienstler? Profis oder Amateure? Beides?

Ja, die Welt ist bunt. Kunterbunt. Informations- und informantenfarbig, auch verkleckst; manchmal auch Panoptikum.

Aktenzeichen 324-0-849 / 07

In meinem Buch »Gott sei Dank« schrieb ich 2007 auf den Seiten 81–84 über einen verleumderischen Vorgang und teilte mit, am Hamburger Landgericht Klage eingereicht zu haben.

Am 4.4.2008 wurde dort von der Zivilkammer 24 unter dem oben angeführten Aktenzeichen das Urteil verkündet.

Der Beklagte wurde verurteilt, seine verleumderischen Bemerkungen zu unterlassen, nicht zu verbreiten und verbreiten zu lassen.

In deutschen Kellern

In deutschen Kellern, in dichten, überfüllten Regalen, in geheimnisvollen Archiven lagern, ruhen Papiere, die wir Normalsterblichen möglichst nicht kennenlernen sollen. Pssst, und Ruhe im Schiff.

Über 50 Jahre alt ist die »Zentralstelle zur Aufklärung nationalsozialistischer Gewaltverbrechen« in Ludwigsburg. Eine Trutzburg. Oder? Tausendfaches, zigtausendfaches Willkürunrecht. Eine Papier-»Zugspitze« deutscher Vergehen und Verbrechen. Kundige Kritiker klagen, im Laufe der Jahrzehnte kam es lediglich zu 400 Verfahren! Ansonsten ließ man – ich zitiere den emeritierten Professor für Strafrecht an der Universität Amsterdam, Christian Frederik Rüter – »ganze Gruppen von verurteilungsfähigen NS-Verbrechern geräuschlos in der Versenkung verschwinden«. Und weiter Rüter: »Eine umfassende Ahndung von NS-Verbrechen passte überhaupt nicht in die politische und gesellschaftliche Landschaft ... Es war die Zeit der Heimatfilme, der heilen Welt und der – wie durch ein Wunder – verschwundenen Nazis.«

Seit 1951 war die Verfahrenszahl in der Bundesrepublik rapide zurückgegangen. Nochmals Rüter: »Die Ausklammerung von in Deutschland begangenen Verbrechen führte ... dazu, dass die Deportation der Juden in zehn der 16 Bundesländer unverfolgt blieb.« Und »so verläuft von Weißrussland durch die Ukraine, Griechenland, Jugoslawien und Italien bis nach Frankreich eine Blutspur von Orten, die mitsamt allen ihren Einwohnern von deutschen Truppen ausradiert worden sind. Kein Wehrmachtsangehöriger hat dafür je vor einem westdeutschen Gericht gestanden.« Rüter verweist auch auf den »Befehlsnotstand«, der pauschal gern als einzige Erklärung bemüht wird.

Genug von der »Zentralstelle«, der 1959 – Achtung! – 11 Richter beziehungsweise Staatsanwälte zugeteilt wurden. 11! Lächerlich – und nicht uninteressanter Vergleich: Damit verfügt Ludwigsburg mit allem Personal über nicht mal 10 Prozent des Personalbestandes der Berliner Birthler-Behörde. So rechnet es der internationale Experte Rüter vor.

Hier muss auch noch das Musterbeispiel von »Ab in den Keller« und gelungenem »Unter-den-Tisch-Kehren« erwähnt werden. 1968 wurden alle deutschen Schreibtischtäter de facto amnestiert, und Politiker wie der Justizminister des Saarlandes, verlangten, »dem Volke die verdiente Ruhe zu gönnen« …

Da passt doch wohl – wie die Faust aufs Auge – ein Erinnern an heutiges deutsches »Ruheverlangen«. Achtung: Was für ein Entrüsten, als sich nicht ganz Unmutige trauten, das Ende der einseitigen Doping-Anklagen, auch ein überschaubares Finale der Stasi-Problematik, vielleicht noch für dieses Jahrhundert, zu erbitten … Sturm, Sturm, Taifun!

So. Nun wieder ganz ruhig. Nach Baldrian-Doping. Jetzt auch Luftholen zum weiteren Überlegen … Es ruhen doch noch weitere Papiere. In andern dunklen Kellern. Geheimakten, Geheimakten … Mir läuft ein Schauer über den Rücken. Länderarchive, Bundesarchiv, Hauptstaatsarchiv … Wie das allein schon griechisch-geheimnisvoll klingt: Archiv, Archivalien, Archiviertes … und wenn man da selber irgendwo drinsteckt! Und die Pappmappe trägt Stempel »Vertraulich«, »Geheim«, »Streng geheim«, dann zählt man entweder zu einem Teil der Keller-, der Unterwelt also, oder zur Oberstwelt, High society.

Doch wie kommt man da ran? Der Verfassungsschutz hat alles im Griff oder richtiger: seine Hand drauf. Und dann gibt's Fristen. Bis zur allseitigen Freigabe. So heißt es. Normale Geheimhaltung gilt für 30 Jahre. Aber, was ist bei Geheimdienstlichem »normal«? Denn: Ruckzuck wurde Westverfolgern alles Ostarchivische freigegeben. Grünes Licht. Mit allen Folgen. Und, ich bitte um Entschuldigung – und umgekehrt?

Damit wir uns recht verstehen, wir, also meine Kritiker und ich. Ich habe überhaupt nichts gegen Freigabe. Weil ich nichts zu verbergen habe. Keine Untat, kein Verbrechen, kein Vergehen. Warum denken nicht alle Nichttäter so?

Und auch mit diesem Vorschlag werde ich nicht offene Türen einrennen: Von mir aus müssten alle deutschen Archive für jedermann geöffnet werden. Auf alle Fälle die, in denen es um Deutsch-Deutsches geht! Wer will das nicht?

Damit könnten wir doch am allerbesten Verdrängen und Vergessen verhindern.

Also bitte, wann geht's los?

Ich möchte es doch noch gern erleben.

Gemühlfenzlt

Oh, bitte nicht erschrecken, weil Sie dieses spezielle Deutschwort noch nicht kennen. Es wird aber höchste Zeit. Ja, es zählt im Geschichtszeitraum der letzten zwanzig Jahre zu den Besonderheiten unseres Zusammengeführtwerdens. Aber, vielleicht ist dieses regenwurmlange Wort auch nur eine Verniedlichung. Was so tatsächlich passierte, war auch, da und dort, Zusammemrempeln, Zusammengestauchtwerden oder – Mühlfenzln.

Herr Mühlfenzl war ein Sondergesandter, ein Abwickler. Ich weiß gar nicht, ob es in jenen heißen Jahren des endenden Kalten Krieges so etwas wie ein »Deutsches Abwicklungs-Zentralkomitee« gab. Ach – wahrscheinlich wohl nicht. Die Zeiten waren eben so. Und Abwickler bedeutete, verhieß da und dort, gut zu verdienen, Quatsch, gut zu bekommen. Es lohnte sich.

Weiß jemand, ob es Abwickler schon früher in unserer unruhigen Geschichte gegeben hat? Hm … Ich suche bekanntlich gern in unserer Wörtergeschichte. Im aktuellen Buch »Deutsche Rechtschreibung« spielt »abwickeln« nur eine bescheidene Rolle. Auf Seite 174 ist es zwischen »abwetzen« und »abwiegeln« zu finden. Schlechte Nachbarschaft, stimmt's. Auch im alten Synonymbuch ist es nur kümmerlich vertreten. »Abrollen« und »erledigen« werden noch genannt. Verdammt! Erledigen – das haut hin!

Also, wieder einmal, erst der deutsch-deutsche Vorgang, der vor 20 Jahren startete, schuf den »Höhenflug«: Abwicklung. Altes musste weg. Meine Ersterfahrung auf diesem Lebensgebiet sammelte ich dann im Rundfunk und Fernsehen. Das Loszuwerden, Abzuschaffen war Herrn Mühlfenzl übertragen worden. Feierabend in der Nalepastraße von Oberschöneweide und in Adlershof, gleich neben dem S-Bahnhof. Hier mussten etwa 3000 Menschen, dort wohl fast das Doppelte, abgewickelt werden. Was hieß: Rausschmiss. Kein einfacher Job, deshalb kam Herr Mühlfenzl auch mit Helfern. Das machte die deutsche Sache nicht billiger, doch die Treuhand sorgte schon für DDR-Restegeld.

Ich lernte Herrn Mühlfenzl nur ganz kurz und knapp in einer Radio-Betriebsversammlung kennen. Der Saal war überfüllt. Viele schwitzten. Ich auch. Zumal das, was Herr Mühlfenzl zu sagen hatte, an die Nieren ging, Tausenden die Arbeit nahm, Familien ins Ungewisse schickte. Aber – ganz dringlicher Einschub – was in Oberschöneweide und Adlershof passierte, geschah in Tausenden anderen Betrieben ebenso! Und ich will auch für Rundfunk und Fernsehen um Himmels willen keine Extrawurst gebraten sehen … Das Aus und Vorbei traf viele, viele, viele …

Es traf aber auch anderes. Ein Beispiel:

Über 25 Jahre lang stellte ich, einmal im Monat, im DDR-Fernsehen in der Sendereihe »Porträt per Telefon« interessante Menschen vor. 45-Minuten-Livegespräche. Insgesamt begrüßte ich 254 Gäste. Nur einige Beispiele: Manfred von Ardenne, Kurt Masur, Werner Klemke, Walter Felsenstein, Gisela May, Agnes Kraus, Helga Hahnemann, Heinz Quermann, Gunther Emmerlich, Dean Reed, Katarina Witt, Ekkehard Schall, Ulrich Mühe, Horst Klinkmann, Peter Althaus, Heinrich Dathe … Allen, allen danke! Am Ende des Gesprächs bat ich den jeweiligen Gast, sich auf einer Autogramm-Wand »zu verewigen«. Sicherlich kann jeder verstehen, diese Wand war ein Edelstück, eine Dauererinnerung an großartige Menschen, ein Geschichtsdokument.

Doch gerade das wurde zum Verhängnis. In den ersten Nachwendemonaten zogen Evaluierer, Bewerter, Abwickler durchs Gelände, begutachteten Produktionsräume und den Fundus. Dort lagerte auch die Wand. Diese Abwickler ließen sich erläutern: Was ist das, wozu, von wem ...? Dann hoben oder senkten sie den Daumen. Der Abwicklerdaumen gehörte offensichtlich einem Kulturbanausen. Er versenkte diese Wand für »alle Ewigkeit« auf dem Müllhaufen der Fernsehgeschichte.

Pfui Teufel!

Zurück in die Nalepastraße. Übrigens heute immer noch, oder wieder, ausgestattet mit allerbesten Produktionsräumen für Musik und Hörspiel, geschätzt von zahlreichen internationalen Experten.

40 Berufsjahre, die allermeisten in kollegialer Harmonie, gingen dort nach vielen, vielen Sendungen zu Ende. Aus meiner und meiner Freunde Sicht: He-He-He, der Sport an der Spree, 7 bis 10 – Sonntagmorgen in Spree-Athen, Schlager-Telefon-Mikrofon, Guten Abend ... und dazu dann der Name des jeweiligen Gastes, von Max Schmeling bis Hans Stuck sen. – und, und, und. Das alles bezieht sich nur aufs Radio, weil dort, von 1949 bis 31.12.1991, meine ursprüngliche Reporter- und Moderatorenheimat war und blieb. Übrigens das erste Jahr, 1949/50, noch in der Charlottenburger Masurenallee, im alten Reichsrundfunkhaus. (Darüber müssten noch Extrabücher geschrieben werden ...!) Nochmals, der Rundfunk, das Radio waren immer meine Nr. 1. Trotz der 35 Jahre Fernseh-»Ausflüge« mit Sport, Sport, Sport bei zig Olympischen Spie-

len und vielen Weltmeisterschaften im Fußball, in der Leichtathletik, beim Radsport, im Nordischen Skisport, Eiskunstlaufen … Dazu »Schlager aus Berlin«, »Schlager einer kleinen Stadt«, »Schlager einer großen Stadt«, und das von Prag bis Moskau, Warschau, Budapest … Quiz: »Richtig geschaltet«, »Ein Kessel Buntes« … Alles bleibt.

Wer mich jetzt für einen Angeber hält, dem kann ich nicht helfen. Hier geht es um Lebensleistungen mit Dank für alle Helfer und Mitstreiter der Technik, mit Dauerdank an Radiohörer und Fernsehgucker! Und es richtet sich an Dummköpfe – getroffene Hunde bellen –, die tatsächlich meinen, hier lebten und arbeiteten nur Trottel und Parteisekretäre.

Herr Mühlfenzl zog sich dann bald mit seinen Helfern zurück. Nicht als arme, geschlauchte Leute. Und zu Hause wartete Gewohntes. Bayerisches. Wo, wie in anderen ARD-Anstalten auch, Altnazis, SS-Leute, Ritterkreuzträger nach 1945 auf festen Stühlen saßen. Uns fehlte solche Vergangenheit. Dafür DDR! Nach Herrn Mühlfenzl und Co. das Allerschlimmste, was Menschen passieren konnte.

Unrecht – welches?

Allein das Wort »Unrecht« und dann noch in Verbindung mit »Staat« schafft Unruhe. Ziemliche. Es wäre daher gut, wenn Staatsrechtler, nationale und internationale, sich dazu sachkundig äußerten. Hier muss Klarheit her!

Nur dieses eine Beispiel: Wie soll ein friedlicher, freundlicher, auf Ausgleich bedachter, also vielleicht zu philanthropisch geratener Zeitbeobachter unterscheiden, was nicht rechtens, was Unrecht ist? Hier das Unrecht in der DDR, das selbst gegen die eigene Landesverfassung verstieß und vielen Menschen Unrecht brachte, dort das radikale Brechen des Menschenrechts durch Kriegsüberfälle mit Bomben und Tausenden Getöteten? Was kommt vor den Internationalen Gerichtshof, was nicht? Wozu schweigen die Politiker?

Das sind Fragen, die tausendfach gestellt werden. Gäbe es hierzu – wie gesagt, nur ein Beispiel – endlich Antworten, es ließe sich besser vor eigenen Haustüren kehren.

Jetzt ein innerdeutsches Beispiel und wieder die Bitte um Antwort: Ist es rechtens oder Unrecht?

Der Grundgesetzartikel 3 gibt in 3 Abschnitten allen Bürgern vor:

(1) Alle Menschen sind vor dem Gesetz gleich.

(2) Männer und Frauen sind gleichberechtigt.

(3) Niemand darf wegen seines Geschlechts, seiner Abstammung, seiner Rasse, seiner Sprache, seiner Heimat und Herkunft, seines Glaubens, seiner religiösen oder politischen Anschauungen benachteiligt oder bevorzugt werden.

Jeder weiß, was besonders im Absatz 3 für Klugheit, Klarheit, humane und demokratische Ehrlichkeit steckt. Jedes Bravo gilt den Schöpfern!

Ich will mich aber heute dem Absatz 2 zuwenden.

Immer noch verdienen Frauen bei gleicher Arbeit weniger als Männer. Bis zu 26 Prozent weniger ... Ein Riesenunrecht und ein grober Verfassungsverstoß! Besonders schwer auf dem Arbeitsmarkt haben es Mütter. Pfui Teufel! Nur eine einzige Managerin hat es in einem der 30 deutschen Dax-Konzerne in den Vorstand geschafft. 193 Posten besetzen Männer. Weiter: Nur 28 Prozent aller Abgeordneten des Deutschen Bundestages sind Frauen! Gucken wir direkt in die Regierungsbereiche. Wir dürfen uns freuen, dass erstmals eine Frau unser Land regiert. Bravo! Doch darunter, im Apparat, das übliche Bild. Es wimmelt von Männern. Frauen in deutlicher Minderheit. Auch die sechs Abteilungen des Kanzleramtes werden von Männern geführt ...

Ich belasse es bei diesen Beispielen. Jeder kann im eigenen Alltag zig andere finden. Für mich ist es auch kein Gegenargument, dass mir vorgehalten wurde: So sieht's doch in der ganzen Welt aus ...

Marie von Ebner-Eschenbach, Dichterin, Freifrau aristokratischer Herkunft und Haltung, schrieb vor 100 Jahren als Aphorismus:

Das stärkste Unrecht: das Recht des Stärkeren.

Am 10. November 2009 jährt sich sein 250. Geburtstag. Ich reiße alle müde gewordenen Knochen zusammen, zur tiefen Verbeugung mit größter Dankbarkeit. Vielen meiner Generation wird es ähnlich gehen, denn in besonders dunkler Zeit deutscher Geschichte half uns der »Meister des Sturm und Drang« zu persönlichem Drängeln und Sturm-Gefühlen. Mein Wünschen und Wollen, meine Schiller-Verehrung ließen mich ein ganzes Buch über ihn schreiben, was ich nicht kann, was viele Experten glücklicherweise schon lange schafften.

Hundertfaches fällt mir ein, was mich zu Schiller führte, was ich ihm danke.

Ich sehe mich im obersten Zweiten Rang des damaligen Cottbuser Stadttheaters sitzen und vor Aufregung schwitzen, denn auf der Bühne läuft die »Räuber«-Inszenierung. Gutes und Böses prallen aufeinander. Später, in den 60er Jahren, wurde ich in einer Berliner Volksbühnen-»Darreichung« stinksauer. Jene Regie vergewaltigte, beschädigte Schiller, denn Schlaumeier bestimmten umgekehrt: Karl musste der böse Bruder sein; Franz nicht die Kanaille, sondern der Gute …

Als späterer Schauspielschüler lernte ich speziell den Raoul-Monolog aus »Jungfrau von Orleans« als Vorsprech-Chance: »Wir hatten sechzehn Fähnlein aufgebracht, Lothringisch Volk, zu deinem Herr zu stoßen. Und Ritter Baudricour aus Baucouleurs war unser Führer …« Ach, es gäbe so viel, so vieles Schillerische, was lebt, was mein Leben beeinflusst – bis heute.

Wenn Beethovens Neunte erklingt, mit Schillers Schlusschor »An die Freude«, mit »alle Menschen werden Brüder«, und wenn ich »Tell-«Texte denke, an »Maria Stuart«, »Wallenstein« mit Eberhard Esche am Deutschen Theater – ach, ach, ach …

Dass ein so großer Mensch, so großer Geist, neben Goethe, das Größte von uns, dass er nur 45 Jahre alt werden durfte, zählt zum Tragischen unserer Kulturgeschichte. Indes, unvergänglich bleiben alle seine Texte, von denen nun Hunderte, viele Hunderte zu zitieren wären. Ich erinnere nur an Markantes:

>»Etwas muss er sein eigen nennen,
>oder der Mensch wird morden und brennen.«

Ich erinnere an das, was er noch kurz vor seinem Tod im »Demetrius« schrieb:

>»Was ist die Mehrheit? Mehrheit ist Unsinn,
>Verstand ist stets bei wen'gen nur gewesen.
>Bekümmert sich ums Ganze, wer nichts hat?
>Hat der Bettler eine Freiheit, eine Wahl?
>Er muss dem Mächtigen, der ihn bezahlt,
>um Brot und Stiefel seine Stimm' verkaufen.
>Man soll die Stimme wägen und nicht zählen;
>der Staat muss untergehn, früh oder spät,
>wo Mehrheit siegt und Unverstand entscheidet.«

Und ich erinnere ans schöne, jubiläumsträchtige Rösselmann-Wort in »Wilhelm Tell«:

>»Wir wollen sein ein einzig Volk von Brüdern –
>In keiner Not uns trennen und Gefahr!«

Guten Himmel, Friedrich Schiller.

Rühmenswertes

Den speziellen Ausdruck verkneife ich mir erst einmal. Wichtig ist doch: Was, wer ist rühmenswert, also des Ruhmes wert?

Mit Ruhm bekleckerten sich schon viele im Laufe der Menschheitsgeschichte, auch beim Gründen von Ruhmeshallen, Gedenkstätten, von Pantheon bis Walhalla und den preußischen Ehrenhallen … Logisch, als der Sport weltweit immer populärer wurde, ließen sich Sportverbände auch nicht länger lumpen. Von den USA ging es aus und schwappte bald über in nahezu alle Winkel der Welt. Eigentlich merkwürdig, dass Deutschlands Sport mit seinen Offiziellen und Mäzenen uns so lange warten ließ. Erst seit zwei Jahren besitzen wir nun auch eine »Hall of Fame«.

So weit, so gut.

Doch auch dieses jüngste Beispiel beweist, Deutschland ist nicht überall gleiches Deutschland. Fame, Ruhm, ist wie so vieles – westgeprägt. Hans Wilhelm Gäb, aufrichtiger Freund und Förderer des Sports, rief mit der Stiftung DSH, Deutsche Sporthilfe, das Rühmenswerte aus und wollte sicherlich das Beste. Es heißt zur Zielsetzung: »Mit der ›Hall of Fame‹ will die Deutsche Sporthilfe ein bleibendes Forum schaffen für die großen Sportlerinnen und Sportler unseres Landes, für Persönlichkeiten auch im ehrenamtlichen Bereich, für verdiente Mäzene, für alle, die durch Leistung und Haltung Vorbild im Sport geworden sind.«

Gut, sehr gut.

Nur »für alle« ist offensichtlich eine Falle. Alles ist nicht gleichermaßen rühmenswert. Zahlen beweisen.

Zu den mittlerweile über 40 so geehrten Personen

zählen von Gestrigen und Heutigen u. a. Carl Schumann, Max Schmeling, Gottfried von Cramm, Rudolf Caracciola, Rudolf Harbig, auch Werner Seelenbinder, Franz Beckenbauer, Steffi Graf, Sepp Herberger, Josef Neckermann, Helmut Schön, Uwe Seeler, Uli Hoeneß und, und, und … Ich kann und will hier nicht alle aufzählen. Es sind NSDAP-Mitglieder dabei, auch Alfred Schwarzmann, einst Deutschlands erfolgreichster Turner, und Ritterkreuzträger …

Aus dem DDR-Sport sind zwei rühmenswert: Birgit Fischer, Deutschlands erfolgreichste Olympionikin, und Roland Matthes.

2 : 40.

Die Mitteldeutsche Zeitung hatte eine Umfrage gestartet, wer aus dem Osten dazugehören sollte. Es gab die Reihenfolge: Schur, Witt, Weißflog, Cierpinski, Niemann, Recknagel … auch Jutta Müller wurde genannt und andere dazu …

Nichts. Kein Echo.

Auch das ist Sport-Deutschland 2009.

Im Jubeljahr.

Will man aus der »Hall of Fame« eine »Hall of shame« machen?

Plautus schrieb: Wer keine Scham kennt, den zähle ich zu den Verlierern.

Doch der Römer Titus Maccius Plautus lebte schon vor 2200 Jahren und war ein Komödiendichter. Seine Werke gelten als Wegweiser fürs europäische Lustspiel. Gut – im Deutschland von 2009 könnten wir so etwas wieder gebrauchen.

Gold-Währung

Geld, Geld regiert die Welt, und in der Welt des Sports wird das nur nuanciert: Gold, Gold, Gold … Das war immer so. Ganz bestimmt hielt auch schon 776 vor unserer Zeit Koroibus, allerallererster Olympiasieger, die Hand auf.

Jedes Geschichtsschreiberdetail beweist das. Ob vor rund 6000 Jahren bei ersten Ruderwettkämpfen auf Kreta und in Ägypten, bei den Nil-Schwimmern, alles hatte »professionellen Charakter«. Ebenso gilt das für alles Ururalte, was bei Chinesen, Assyrern, Babyloniern, Persern geschah. Auch mit Beginn der olympischen Geschichte, also vor knapp 3000 Jahren, ist nicht zu übersehen: Zum gut gemeinten Ideellen paarte sich Materielles. Historiker beschreiben es gar als »rohen Professionalismus«. Später, bei den Römern, erreichte Sport mit Nero und Co. »manipuliertes und zirzensisches Niveau«.

Panem et circenses, frisch und frei nach Juvenal – Brot und Spiele. Was bis heute in seiner historisch-drastischsten Form erhalten blieb, Medien und Politik zehren davon. Menschen fallen heute wie damals darauf rein. Und Gold und Geld beflügeln.

Es sei auch daran erinnert: Olympiasieger wurden schon vor 2500 Jahren gemachte und angesehene Leute. Man baute ihnen Häuser, schenkte Renten. So zahlte Solon der Weise (!?) jedem Olympiasieger 500 Drachmen aus der Staatskasse. Und – Politiker, Wissenschaftler, Künstler – alle Prominenz drängelte sich in die Nähe der Geehrten und Hochbezahlten. 500 Drachmen bedeuteten ein Salär, das ein Handwerker sich stramm in zwei Jahren verdienen musste. Und zur Sportelite zog es die gesellschaftliche von Pythagoras bis Heraklit, von Euripides bis Demosthenes, dem gewaltigsten Rhetoriker.

Zum Golde drängt, am Gelde hängt doch alles …

Doch genug vom Uralten und Alten. Sport besaß immer seine Währung. Bis jetzt. Und damit wir uns gleich in die Haare kriegen: das war und ist zu unseren Lebzeiten nicht anders. Nicht im DDR-Sport, nicht im Sport der Bundesrepublik. Alle Beweise liegen vor.

Und genauso wie früher musste Sport auch im 20. Jahrhundert und im 21. wieder politische Ziele unterstützen. DDR-Medaillen-zählen sollte beweisen, was diese Gesellschaft vermag. Man hoffte, so auch vermeintliche Überlegenheit zu demonstrieren, als ob ein siegreicher Radrennfahrer auch siegende Demokratie und mitsiegenden Wohlstand beweist … Dennoch sollte nicht verkannt und nicht vergessen werden, dass speziell DDR-Sportler zum DDR-Bekanntwerden überall auf der Welt beitrugen. Auch keine Frage, sie überflügelten dabei oft bundesrepublikanische Sportler, und alles zusammen produzierte im Wechselspiel Ärger oder Frohlocken. Kalter Krieg von Schweißgebadeten.

Schließlich, um nichts zu verdrängen oder gar zu vergessen – so lautet doch die Parole! –, das Thema Doping. Es wurde und wird rund um den Globus gedopt. Leider auch im DDR-Sport. Der bestand vierzig Jahre. Und was war vorher? Und was geschieht jetzt, danach? Es kann, es darf nicht sein, das Einäugige Richter spielen. Es bedeutet für den Leistungssport der ganzen Welt und aller Sportarten ein Trauerspiel, jedes Resultat argwöhnisch betrachten zu müssen. Doch von nirgendwo gibt es ein Rezept, den realistischen Vorschlag, wie Argwohn verschwinden und Ehrlichkeit Einzug halten kann. Doch halt – es gäbe die Chance: Menschen bekennen sich nicht nur zu Ehrlichkeit, sondern sie leben sie auch. Ich weiß – ein frommer Wunsch …

Trotz alledem, trotz aller Zweifel und Negativ-Tatsachen, die Welt will weiter Sport. Politik und Politiker wollen ihn, Medien sowieso. Auch in Deutschland sind Sporterfolge gewünscht. Das dafür oberzuständige Innenministerium will es und wünscht einen vorderen Platz in der Welt-Spitzengruppe. (Wobei solche tumbe Tabellenstatistik besonderer Fluch ist: USA, Russland, Deutschland … an Burundi und Malta zu messen – pfui Teufel!)

Dabei gibt es hierzulande, doch ebenso anderswo, den bedingten Zusammenhang von Erfolg und Unterstützung. Gelder fließen nach Gewinn. Wer nichts oder zu wenig gewinnt, bekommt seine »Mittel« gekürzt oder gestrichen. Bitte erinnern: Wo und wann und wie war das mit »rohem Professionalismus«?

Mithin, generell, total, wie vor Tausenden Jahren, Gold geht nur über Geld. Wer nicht sät, kann nicht ernten; wer nicht investiert, kann nie feiern. Solche radikale Bedingtheit erweist sich freilich auch immer wieder als Teufelskreis. Wie will man ein Talent überzeugen, zehn bis fünfzehn Jahre jungen Lebens speziell und konzentriert diesem »Gold-Geld-Weg« zu opfern, ohne ihm gleichzeitig versprechen zu können: Es entsteht kein beruflicher Lebensnachteil, wenn du nicht zu den gewünschten Siegern zählst … Das »Danach« ist das Problem! Oft jedenfalls.

Medaillenzähler und Tabellenplatzkontrolleure gibt es auf der ganzen Welt. Und in jeder Gesellschaft. Deutsche waren und sind dabei immer noch besonders pingelig. Und auch die einheimischen Oberstverantwortlichen wollen Deutschland möglichst immer in der »Spitzengruppe« sehen, in Nachbarschaft zu den Riesen USA, China, Russland ... Das lässt den Generalsekretär des Deutschen Olympischen Sportbundes ins Schwärmen geraten: »Goldmedaillen sind die Währung, nach der sich die Nationenbewertung bemisst.«

Selbstverständlich erkennen diese Sportlenker und Sportverwalter auch Bedrohungen. Beispielsweise: Das Ausland, also die Konkurrenz, kauft den Deutschen die besten Trainer weg, weil man da und dort mehr zu bieten hat. Generaldirektor Vesper: »Die bisherigen Mittel reichen nicht. Bisher hatten wir pro Jahr 70 Millionen Euro, jetzt bekommen wir jedes Jahr bis 2012 (London-Spiele!) 12 Millionen dazu, aber wir benötigen die doppelte Zuwachsrate!«

»Und so dreht sich, immer im Kreis, die alte Weise: Geld, Gold, Geld, was uns zusammenhält ...«

Mir ist es wertvoll, den Sportfachmann und Sportidealisten Prof. Dr. Helmut Digel, Leiter des Instituts für Sportwissenschaft an der Universität Tübingen, zu Rate zu ziehen. Er beklagt vor allem die um sich greifende Korruption im Sport und die zunehmende Geldgier ringsherum. Digel sieht dadurch jedwede erzieherische Qualität des Sports – einst das Ziel! – ohne Zukunftschancen. Und: Internationale notwendige Entscheidungsprozesse nach dem angeblich sehr demokratischen Wahlprinzip »one vote one country« werden zur Farce, wenn Stimmen kleinerer Länder gebündelt »zu erwerben« sind. »Geld haben oder nicht haben«, das ist zentraler Code geworden Dazu kritisiert Prof. Digel, internationale Sportverbände werden zunehmend von Autoritäten gelenkt, die zur Alleinherrschaft tendieren. Es geht denen um straffe Hierarchien und Solidarität ist ein

Fremdwort geworden. Schließlich: Die Distanz vom Athleten zum Funktionär wird immer größer. Funktionäre, so Digel, bilden mit der Wirtschaft, den Medien und der Politik zunehmend einen »Jahrmarkt der Eitelkeiten«. Er mahnt die ursprünglichen Werte des Sports an, die wirklich gelebt werden müssen, und fragt nach Bescheidenheit …

Ich frage dazu: Wo ist in dieser Gesellschaft noch Bescheidenheit – nicht nur im Sport?

Jetzt aber muss ich die Kurve kriegen. Noch ist nicht alles futsch und wird den ohnehin schon schmutzigen Bach hinuntergespült. Nein! Neben dem Geld- und Goldsport lebt immer noch, weil unsterblich, der »kleine Sport«, der für jedermann. Freizeit- und Erholungssport, Vereinssport, Seniorensport, Kinder- und Jugendsport … Dort ist zwar die Sportwelt auch dann und wann »erkältet«, aber und zum Glück noch nicht richtig krank. Dieser Sport war und ist und bleibt »des Volkes wahrer Himmel«. Gott sei Dank.

Kehren wir noch einmal, wenn auch nur semantisch, ins Generelle zurück. »SPORT« – was für ein Wort? Ausgangs des 19. Jahrhunderts prosperierte vieles »Sportliche«. In den USA und Großbritannien besonders die Leichtathletik. Erste Weltrekorde wurden registriert. In der Berliner Hasenheide sprintete Fritz Käpernick auf Jahns Spuren. Besonders in England strömten Tausende zu Veranstaltungen. So ist es auch normal, dass von dort das Wort »Sport« Mode wurde. Es stammt vom alten Mittelenglischen »disport«, was »sich vergnügen«, auch »belustigen« bedeutete. All das wird im Urstamm unseres jetzigen Weltwortes ausgedrückt.

Deshalb, meine Damen und Herren, Frauen, Männer, Kinder, Tüchtige, Noch-Untüchtige: Vergessen wir

nie, Sport soll Vergnügen, meinetwegen auch Belusti-
gung bleiben. Nehmen wir das Wort Sport beim Wort!
Lustiger, freundlicher, immer friedlich! Und, klar, es
kann, es soll uns auch gesund erhalten oder wieder
gesünder machen. Sport ist und bleibt ein gesellschaft-
licher Tausendsassa. Er ist ein Magnet, zieht Menschen
an und führt sie zusammen.

Es lebe der Sport!

Dieser Sport.

Auch: Pinkepinke-Problem

Renten!

Richtig, nun wird's verrückt. Vom Sport und dessen rigorosem Geldschnorren, von diesem allzu Weltlich-Geldlichen, zum Rentenproblem. Beides ist sich so nahe wie Bundesliga- und Kreisklassefußball. Ich erinnere auch: Das Wort Rente stammt vom Französischen und bedeutet so viel wie »regelmäßiges Einkommen«. O ja? Streichen wir mal das Teilwörtchen »regel-« ... Was nun noch übrig bleibt – das stimmt.

Und wie steht's mit diesem gesellschaftlich-sozial sehr wichtigen Vorgang im Jubiläumsjahr und zwanzig Jahre nach dem deutschen Zusammenkommen?

Einfachste Antwort: nicht so gut.

Mein Zweifel wuchs nicht nur aus Persönlichem. Das war eine über 10 Jahre lange »Verurteilung« als Strafrentner; tausendfaches Klagen bescherte dem Bundesverfassungsgericht viel Arbeit. Doch die Richter leisteten gute. Sie beschieden dem Rechtsstaat: Das ist Unrecht. Eine peinliche Bestrafung der Politik.

Weiter zu Tatsachen. Renten sind staatsrechtlich anerkannt und darauf bauen ca. 20 Millionen Menschen. Die Rentenleistung soll der Lebensleistung entsprechen. Viele können auf 45 und mehr Arbeitsjahre verweisen, und ich zähle auch dazu. Dass nun das Thema »Renten« den Deutschen eine zusätzliche Vorlage für Spannungen und Querelen liefert, ist – sehr vorsichtig formuliert – bedauerlich. Ich frage jubiläumsfeierlich: Warum fehlt auch hier das angeblich schon sooo starke Gemeinsame? Sollten wir nicht lernen, uns weniger in die Taschen zu lügen?

Zu Fakten: Der Rentenpunktwert – das ist die »Rentnerwährung« – für den Ostrentner ist immer noch deutlich geringer als der Westrentnerwert. Exakt: 23,34 Euro (Ost) zu 26,567 Euro (West). Ist man Krümelkacker, wenn man das bemerkt und benennt? Ich kommentiere deshalb so lutherisch-drastisch, weil es mir Tag für Tag auf den Keks geht, westliche Ermahnungen und Verwarnungen wahrnehmen zu sollen: undankbare Ostjammerer, die immer nur das Minus, nie oder zumindest viel zu selten das Plus, das große endlich deutsch-deutsche Gesamtplus begreifen …! Werte Obere Richter und Oberlehrer: Wir begreifen, und wir sind dankbar, aber wir verbitten uns eine Vormundschaft, die der deutsche Geschichtsverlauf nicht hergibt.

Und ich wiederhole und unterstreiche mit großen Buchstaben: GUT, dass wir wieder in einem – EINEM – Deutschland leben; GUT, dass wir dieses GUTE Grundgesetz besitzen, dass nun für uns alle Gesetz ist; GUT, dass wir die Diktatur überwanden; GUT, dass wir nun gemeinsam gegen altes und neues UNRECHT kämpfen.

Zurück zum speziellen Problem.

Norbert Blüm, inzwischen auch 72-jähriger Rentner – oder muss ich hier korrekter »Pensionär« schreiben? – war als einstiger Bundesarbeitsminister maßgeblicher Weichensteller fürs deutsch-deutsche Rentenrecht. Jetzt, 2009, befragt, warum es immer noch keine Gleichstellung gibt, antwortete er: »Wir waren damals, also 1990, alle optimistischer. Vor allem, was die ostdeutsche Wirtschaftsentwicklung betrifft, denn das beeinflusst maßgeblich.« Dann folgert er: »Die anfangs rasante Aufholjagd bei den Renten ist ins Stocken geraten. Ich fände es richtig, wenn nach 20 Jahren Einheit, also im Jahr 2010, ein Anlauf gemacht wird, die Renten in Ost und West zusammenzuführen, einen einheitlichen Rentenwert zu schaffen ...«

Ja, Herr Exminister, es wäre höchste Zeit. Und danke für die Einsicht.

Über dieses ostdeutsche Alarmsignal hinaus gibt es das gesamtdeutsche. Wir sitzen alle in einem Boot. Und das sinkt. Unsere Rentnerkaufkraft sank nämlich von 2004 bis 2008 um 8,5 Punkte. Das ergibt sich, wenn man die Inflationsrate berücksichtigt. Weiter belegen Statistiker: Das durchschnittliche Realrentenniveau »versank« inzwischen auf das von 1975. In diesem Zusammenhang warnen Politiker: In den neuen Bundesländern wachsen damit auch Gefahren von Altersarmut. Und es erhitzt alle ohnehin schon heißen Diskussionen zur Agenda 2010 und Hartz IV. Soziale Gerechtigkeit wird gefordert. Doch allein bei dem Wort verstärkt sich schon »schwarzes« Ohrensausen, gepaart mit »gelbem« Ärger.

Deshalb, wenn schon, denn schon: Wir können mit Rentendiskussionen und Rentenforderungen die besonders dringlichen Grundprobleme nur weiter verdeutlichen und auf das schärfste Problem hinweisen. Arme und Reiche stehen sich 2009 in unserem Land in alarmierender Kluft gegenüber! Das erzeugt zunehmend Spannungswolken, die mit Blitz und Donner drohen.

... soll ich das schreiben?

Allein, darüber nachzudenken – ob, traue ich mich, traue ich mich nicht –, das ist zum Schämen! Und das im Jubiläumsjahr! 60 Jahre Bundesrepublik Deutschland! Doch ich bin erst 20 Jahre dabei, nur Eindrittelbundesrepublikaner, darf der das überhaupt? Jetzt, wo wieder so viel Westwind in Ostgesichter bläst?

Du musst, du musst, werde ich gedrängt, du willst doch nicht etwa verdrängen ...? Nein, nein, das steht mir auch nicht zu. Was verdrängt wird und wie, was man vergessen darf, muss, soll – das bestimmen alles andere! Also, du kneifst, obwohl du ... Was? Das alte Reichsrundfunkhaus in Berlin-Charlottenburg kennst du, dort hast du noch gearbeitet ...

Also, wieder einmal zwischen Baum und Borke. Verdrängen oder benennen, bekennen? Ja, ich fuhr seit 1949 mit stolzgeschwellter Brust per Bummelzug von Cottbus nach Berlin, dann per S-Bahn bis Westkreuz, und dann per pedes zum Funkhaus, vis-à-vis vom Messegelände. Ich war stolz auf jeden, den ich dort kennenlernen durfte. Von Bully Buhlan bis Ingeborg Oberländer, Herbert Schmidt, den Sportchef, bis Helmut Hass, unseren Klasse-Sprecher ...

Und ich war neugierig auf die ganze Reichsrundfunkgeschichte, auf die der Nazizeit, auch mit den Sportreportern von Rolf Wernicke bis Dr. Paul Laven und Heinz Maegerlein ... Alles Menschengeschichten in unserer Geschichte.

Doch wieder: Soll ich nun auch das schreiben (dürfen)?

Neben vielen Nazis ging dort ein Mann in den Kriegsjahren zur täglichen Arbeit, der besondere »außenpolitische Propaganda« nach den Richtlinien des Nazi-Außenministers Ribbentrop betrieb. Er war dort erst Mitarbeiter der Verbindungsstelle zum Auswärtigen Amt, wurde aber schnell befördert und Leiter dieser wichtigen politischen Verbindungsstelle und damit seit 1942 Hauptverbindungsmann auch zum Goebbels-Ministerium. Was damals Rundfunksendungen für das Ausland bedeuteten, welche Inhalte sie verbreiteten, war faschistische Propaganda und Hetze …

Soll ich nun noch Näheres schreiben, also Namen, weitere politische Wege dann in der Bundesrepublik … Ich traue mich nicht. Schon gar nicht im Jubiläumsjahr. Ich nenne nur noch die NSDAP-Mitgliedsnummer des Parteimitgliedes seit 1.3.1933: 2633930 …

Alles andere verdränge ich. Schisshase.

Punkt.

Aus.

Na ja, noch ein PS: Es gibt Hunderte, Tausende ähnliche braune Geschichten.

Pfui Teufel.

Schiss

Nein, nein – es soll gegen Buchende nicht obszön, also schamlos und unanständig werden. Auf gar keinen Fall will ich auch populären »Feuchtgebiete«forschern in die nasse Quere kommen. Das wäre »anrochig«. Dennoch, Entschuldigung bei denen, die »Schiss« für ein beschissenes deutsches Wort halten, für ein Pfui-Wort. Als Echtdeutscher habe ich mich auch hier rückversichert. Bitte, zum Überprüfen: Bertelsmanns Neue deutsche Rechtschreibung nahm selbstverfreilich »Schiss« auch im 1040-Seiten-Dickband auf. Zum Nachblättern: Auf Seite 826 existiert »Schiss« zwischen »Skispringen« (!) und »Schisser«. Schisser bedeutet Angsthase. Das war ich. Das bin ich.

Über einige wichtige Lebensschisssituationen dachte ich auch beim Buchschreiben nach. Es waren, es sind überlebenswichtige. Erst überlegte ich, soll ich das öffentlich machen oder besser nicht … Dann entschied ich mich: Mach!

Erste Schiss-Station:

Mai 1945. Wir, alles Siebzehnjährige, marschierten vom nördlichsten Ort Deutschlands, von List auf Sylt, Richtung Festland. Wir, offiziell Marineartillerie-Soldaten, hatten noch fünf Monate Ausbildungsdrill mitgemacht, Sprung auf, marsch, marsch!, hebt den Arsch, und das mit Knarre oder Maschinengewehr und/oder Munitionskästen, von Dünenloch zu Dünenloch, Schnauze voll …, aber: nie auf einen Menschen geschossen, überhaupt, keinen einzigen Schuss abgefeuert … Danke dem Schicksal, das uns das vorenthielt.

Nun also »Marsch in den Frieden«? Es hieß, jawohl, der Krieg ist aus. Deutschland hat kapituliert. Endlich!

Wir trotteten Richtung Westerland, dann ostwärts Keitum, Morsum …. Plötzlich brüllte einer: »Tiefflieger, volle Deckung …!« Ich schmiss mich, wie alle anderen, in dürres Kiefergestrüpp, hörte, sah die Spitfire und Hawkins, keine hundert Meter über uns, und dann das Zischen, peng-peng, peng … Einer schrie, den hatte es erwischt, wir anderen hatten die Hosen voll. Ich auch.

So schnell wie die Briten (oder Kanadier?) aufgetaucht waren, so ruck, zuck! verschwanden sie wieder. Wahrscheinlich wollten sie noch die letzte Munition an uns »verbrauchen«. Jedenfalls, das Generalbeschissene der Naziverbrecher hatten wir beim Last-Minute-Knall mit Schwein überstanden.

Noch mal zum Weitermarsch auf dem Hindenburg-Damm in Richtung Festland … Wer weiß noch, wer Hindenburg war? Zur Erinnerung und Auffrischung müder Gedächtnisse und gegen Verdrängung und Vergessen: Paul von Beneckendorff und von Hindenburg kommandierte als einer der allerranghöchsten Generäle im Ersten Weltkrieg. Er war Oberbefehlshaber Ost und dann Generalfeldmarschall. Historiker vermerken: Hindenburg führte siegreiche Feldzüge gegen Rumänien, Italien, Russland … Nach seinen kriegerischen Großtaten ging er 1919 in den Ruhestand. Im Wirren und Irren der Weimarer Republik suchten die Rechtsparteien wieder seinen Beistand und wählten ihn zum Reichspräsidenten. 1932 wurde er mit Hilfe von SPD und Zentrum erneut gewählt. Wieder greife ich auf Einschätzungen deutscher Historiker zurück, die Hindenburgs Haltung so beurteilen: eigentlich immer noch Sympathisant der Monarchie und Skeptiker des Republikanischen mit parlamentarischem und demokratischem System. Bis Januar 1933 setzte er sich jeweils für rechtsgerichtete Regierungen ein, und am 30. Januar 1933 ernannte er Hitler zum Reichskanzler.

Wie gesagt, geschrieben jetzt – knappes Erinnern. Und: 2009 heißt in der Bundesrepublik der Hindenburgdamm immer noch Hindenburgdamm.

Zum zweiten Schiss.

Ende 1945. Nach einjähriger britischer Gefangenschaft, einem kurzen Zwischenaufenthalt im Fränkisch-Bayerischen – noch heute Danke den Gastgebern für Gutes! – wollte ich über die grüne Grenze nach Hause. Direktentlassungen in den Osten gab es aus britischer Gefangenschaft nicht. Man musste, egal welche, eine Westzonenadresse vorweisen. Mein alter, unvergessener Schulfreund Horst-Michael, den ich zufällig in Gefangenschaft wiedersah, gab sie mir. Danke! Also, eines Tages, einer oder mehr Nächte, ich weiß es nicht mehr exakt, wurde ich aufgegriffen und landete in einem Quarantänelager bei Hoyerswerda. Dann Cottbus. Wieder bei den Eltern. Ich bewarb mich am Stadttheater und kam an. Mein großer Jugendtraum schien in Erfüllung zu gehen: Schauspieler!

Für 80 Mark Gage im Monat (zwei Brote auf dem Schwarzmarkt kosteten so viel!), als »Mädchen für alles«, Prinz und Hokuspokuszauberer im Kindermärchen und, und, und … ging es los. Eines Vormittags kam ein Bote des Intendanten auf die Probe und erklärte: Du musst dich sofort auf der sowjetischen Kommandantur-KGB-Stelle im alten Stadtschloss melden. Also beim Geheimdienst. Mir rutschte das Herz in die Hosentasche.

Als Dreikäsekoch bin ich oft am Schloss, das dann Gericht war, vorbeimarschiert. Als Pimpf und unter Absingen blödester Nazilieder. Doch das konnte kaum der Grund sein, mich jetzt, im Herbst 1946, dort hinzubeordern. Also? Ja, es residierte der sowjetische Geheimdienst, und der hatte auch die Herrschaft über das direkt angrenzende Gefängnis. Jene zwei Verhörstunden vergaß ich nie. Und vor Angst hatte ich wieder nasse Hosen. Der Verhörer sprach bestes Deutsch. Seine Fragen drehten sich im Kreise, und wie beim Karussell kehrte die Frage-Gondel immer wieder zurück: Wo waren Sie, also ich, als Werwolf aktiv? Werwölfe nannten sich die Hitlerjungen, die in der Kriegsendphase, 15-, 16-jährig, mit primitiven Waffen Überfälle ausführten. Wurden sie von sowjetischen Soldaten geschnappt, verschlug es sie jahrelang in Straflager. Mithin, mein Schicksal hing am seidenen Faden. Mein Gegenüber bestimmte über mein Leben. Er war fair, hörte sich meine Erklärungen zu den Arbeitsdienst- und Soldat-sein-müssen-Wegen – vom Herbst 1944 bis Frühling 1945 – mit stoischer Ruhe an, telefonierte zwischendurch, befahl Soldaten ins Zimmer. Er selbst trug Zivil, maß mich immer wieder mit stechenden Blicken und verabschiedete sich nach zwei Stunden, die mir wie zwei Tage vorkamen. »Sie können gehen; aber, wir hatten Informationen …«

Ein Soldat mit geschultertem Gewehr führte mich auf die Straße … und ich taumelte davon. Vorbei an der Oberkirche, Marktplatz, Berliner Platz, wo vor der jetzigen Cottbuser Stadthalle die 1. Gemeinde-Schule stand und ich Lesen und Schreiben lernte … Fix und fertig erreichte ich das Theater. Der Intendant sah mich, schüttelte den Kopf und sagte, so leise, wie ich ihn noch nie gehört hatte: »Geh nach Hause.«

Dieser Schiss begleitete mich einige Jahre. Wenn ich jetzt, bei Cottbus-Besuchen, vor diesem gewaltigen

Gebäude, nah am Mühlengraben, stehe, höchstens mal ein, zwei Minuten, fällt mir das alles wieder ein. Was wäre geworden, wenn … Und – dass es Denunzianten gegeben hat, Verleumder, Anschwärzer, die auch heute wieder zur miesesten Jetztgruppe des Homo sapiens zählen.

Pfui Teufel!

Noch mal Deutsches: Mit Schiss hatte es allerdings nichts zu tun. 1949/50 begann meine Radiozeit. Erst in Cottbus, Potsdam, dann in der Masurenalle beim Berliner Rundfunk, bevor es in die Ost-Nalepastraße ging. Schon über ein Jahr lang zählte ich als Freier Mitarbeiter zum Reporterstamm. Ganz im Gegenteil zu heutigen Guten dieses Fachs, die unbedingt »Freie« bleiben wollen, weil in diesem Status viel mehr zu verdienen ist, wollte ich damals unbedingt fest angestellt, eingestellt werden. Man verzögerte, gab unklare Ausreden, schob mich als »Problem« vor sich her. Später erfuhr ich, weshalb. Just wegen dieser Vergangenheit! Britische Gefangenschaft, von der Ami-Zone in den Osten, KGB-Verdächte … Und das, wie mir ein späterer Personalchef gestand, dass ich während der einjährigen britischen Gefangenschaft, allerdings auf norddeutschem Boden, zeitweise zu einer Elften-Oberschulklassengruppe zählte, mit der man vernünftigerweise versuchte, uns doch noch zu einem späteren Abiturabschluss verhelfen zu können. Bravo, auch noch über 60 Jahre später! Aber, da steckte was dahinter, witterten »echte« Deutsche. Wahrscheinlich wurde da schon der spätere Heimkehrschritt vorbereitet, um dann hier … Ja, ich dann als James-Bond-Verschnitt, gezielt in die Ostzone zurückgeschleust!

Armes Deutschland. Belassen wir es dabei. Ein Lebens-, ein Menschenbeispiel. Ob es in anderen Ländern ähnlich ist? Besser? Schlimmer? Keine Ahnung.

Aber bevor ich schließe noch ein Bekennen. Es existiert ein »Schiss Nr. 3«, ausgelöst zur Begrüßung in der Bundesrepublik Deutschland. Passiert 1991 anlässlich der IOC-Exekutiv-Komitee-Tagung.

Doch ich kneife. Ich habe nicht die Hosen voll, aber ich weiß: Schreibe ich exakt übers damals Erlebte, gibt's neuen Ärger. Und den will ich mir zum Lebensfeierabend nicht zumuten. Deshalb folgen jetzt auf dieser Seite 12 total leere Zeilen. Später können sie mit dem Tatsachentext gefüllt werden. Ich hinterlasse das.

Nun Schluss. Nochmal:

Gut, dass Deutschland wieder vereinigt ist. Gut, dass wir dieses Grundgesetz besitzen. Gut, dass ich so auch meine Meinung schreiben konnte.

Da ich hier nichts Privates äußere, wenigstens das als wichtiges Wünschen:

Pfui Teufel allen Kriegen und Kriegstreibern!

Generell: weniger Gewalt, überall!

Weniger Arroganz der Großen!

Weniger den Reichen!

Mehr allen, die nie reich werden!

Und noch diesen Gruß des alten Römers Seneca; einst, runde 2000 Jahre zurück, wichtigster Berater von Diktator Nero, der ihn dann zwang, sich selbst zu töten. ... Also, Seneca:

Nichts ist gewiss, außer der Vergangenheit.

Heinz Florian Oertel
Gott sei Dank
Schluß mit der
Schwatzgesellschaft
144 Seiten, 9,90 EUR
ISBN 978-3-360-01297-5

... und auf CD,
gelesen vom Autor
9,90 EUR
ISBN 978-3-359-01115-6

Ein unerhörter Vorgang: Millionen glauben an Peter Hahne und seine vermeintlich gesellschaftsverändernde Forderung »Schluß mit der Spaßgesellschaft«. Heinz Florian Oertel glaubt nicht, sondern fragt nach. Was muß sich, was müssen wir wirklich ändern, damit sich etwas ändert in dieser höchst änderungsbedürftigen Welt. Oertel gibt Antworten. Wie Hahne. Aber ganz andere ...

Jutta Müller
Der schönste Sport der Welt
Eine Eiskunsttrainerin erinnert sich
192 Seiten, 19,90 EUR, ISBN 978-3-360-01949-3

Im klirrenden Hunger- und Frostwinter von 1946 entdeckt eine junge Chemnitzer Lehrerstudentin die Leidenschaft ihres Lebens. Und zwar auf der Spritzeisbahn im Chemnitzer Küchwald, wo heute das Eissportforum steht. Mit einer einzigartigen Energieleistung formt Jutta Müller dort fast ein Dutzend Welt- und Europameister und schmiedet 57 Medaillen für die DDR. Beginnend mit ihrer eigenen Tochter Gaby Seyfert, gekrönt von der Eisprinzessin Katarina Witt. »Persönlichkeit auf dem Eis entwickeln«, das verlangte diese Super-Trainerin von ihren Schützlingen unerbittlich. Inzwischen 80-jährig, blickt die Magierin der Schlittschuhkufen auf ihr Lebenswerk zurück. Auf ihre eigene aktive Zeit, auf rauschende internationale Triumphe und bittere Niederlagen, auf Trainingsphilosophie und Trainingsmethoden. Auf ein großes Kapitel DDR-Sport, das im vereinten Deutschland keine Fortsetzung fand.

ISBN 978-3-360-01966-0

© 2009 Verlag Das Neue Berlin, Berlin
Umschlaggestaltung: Buchgut, Berlin
unter Verwendung eines Fotos von picture-alliance/ZB
Druck und Bindung: CPI Moravia Books GmbH

Ein Verlagsverzeichnis schicken wir Ihnen gern:
Das Neue Berlin Verlagsgesellschaft mbH
Neue Grünstr. 18, 10179 Berlin
Tel. 01805/30 99 99
(0,14 Euro/min. aus dem deutschen Festnetz, abweichende Preise für Mobilfunkteilnehmer)

Die Bücher des Verlags Das Neue Berlin erscheinen
in der Eulenspiegel Verlagsgruppe.

www.das-neue-berlin.de

Edgar Most
Fünfzig Jahre im Auftrag des Kapitals
Gibt es einen dritten Weg?
288 Seiten, 19,90 EUR, ISBN 978-3-360-01960-8

Der Finanzexperte, der einst jüngster Bankdirektor der DDR, später u.a. auch Berater der Bundesregierung war, mischt sich immer wieder in die Debatte um die wirtschaftliche und politische Gestaltung der deutschen Einheit ein. Wird der Aufbau-Ost zum Absturz-West, wie der SPIEGEL behauptet? Sind die Folgen der Deindustrialisierung 1990 aufzufangen – und wie? Most spitzt zu. »Der Osten verdummt, verarmt und vergreist«, warnt er. Manche halten Wachstumskerne und sogenannte Leuchttürme für eine Lösung. Was aber wird aus dem ganzen Osten? Stoff genug für einen Mann, der in der DDR groß geworden ist und sich nicht hat klein machen lassen und den Vorurteilen über den Osten trefflich begegnen kann.